长相忆书系

我的祖父张謇

张绪武 著

南开大学出版社

天津

图书在版编目（CIP）数据

我的祖父张謇 / 张绪武著 . —天津：南开大学出
版社，2021.1
　（长相忆书系）
　ISBN 978-7-310-06058-0

　Ⅰ.①我… Ⅱ.①张… Ⅲ.①张謇（1853－1926）—
传记　Ⅳ.①K825.38

中国版本图书馆 CIP 数据核字（2020）第 272766 号

我的祖父张謇
WO DE ZUFU ZHANG JIAN

南开大学出版社出版发行
出版人：陈　敬

地址：天津市南开区卫津路 94 号　　邮政编码：300071
营销部电话：(022)23508339　营销部传真：(022)23508542
http://www.nkup.com.cn

北京君升印刷有限公司印刷　全国各地新华书店经销
2021 年 1 月第 1 版　　2021 年 1 月第 1 次印刷
230×155 毫米　16 开本　12.5 印张　6 插页　170 千字
定价：48.00 元

如遇图书印装质量问题，请与本社营销部联系调换，电话：(022)23508339

张謇像

张謇西装像

1869年，张謇以"张育才"之名参加州试，取中如皋籍秀才。图为州试试卷封首上的浮票

捷报

贵府少大老爷张甲謇恭应

殿试一甲第一名

赐进士及第

钦点翰林院修撰

报录人王上林

张謇的状元捷报

"江宁合宴图"，前排左起为魏光焘、缪荃孙、张之洞、盛宣怀、张謇；后排左起为魏允恭、蒯光典、黄建管、徐树钧、胡延

1922年，张謇庆七十大寿时与到贺的各国来宾合影。前排右八为张謇

大生纱厂远景

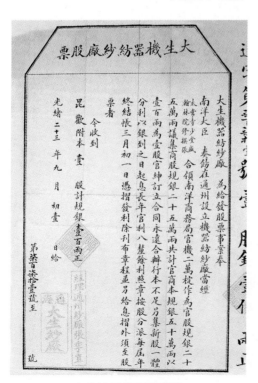

大生纱厂发行的股票

通州师范学校全景

南通农校学生在通海垦牧公司前合影

南通沿江筑楗工程工地

张謇的部分水利著述

张謇在濠南别业与家人合影。左起：二孙女柔武、长孙女非武、儿媳陈石云、三孙女粲武、长子孝若、张謇、长孙融武、吴夫人、四孙女聪武、养子佑祖、养子襄祖

2006 年 11 月，本书作者张绪武（张謇嫡孙）在南通市港闸实验小学（今南通市张謇第 一小学）百年校庆上讲话

张謇手书《家诫》，集古人教子警言，刻石而成

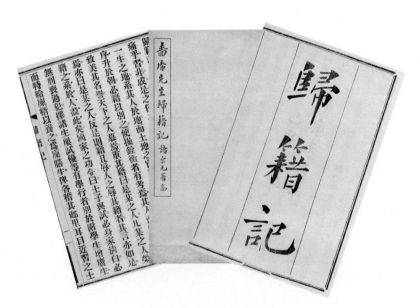

张謇所著《归籍记》书影

序

章开沅

我不是佛教徒，却很相信缘分，与绪武同志的结识就是一种缘分。

1962年我有南通之行，正式踏上张謇研究的漫长道路，但却一直未能与绪武同志相晤。因为他大学毕业不久，即去北大荒，远离家乡将近30年。其实，即使当时他在南通或上海、南京，我也很难从他那里获知什么有关张謇的历史与文献的信息。因为他是在张謇逝世两年以后出生的，而7岁又失去父亲，对祖父本来就知之甚少。何况在20世纪五六十年代，人们的"阶级斗争观念"特强，特别是剥削阶级家庭出身的子女，哪个不是极力与家庭划清界限。我研究张謇却不研究自己的曾祖父章维藩，也是怕别人说自己为剥削家庭《歌功颂德》。所以，我在南通结识了许多研究张謇的同行，却偏偏没有结识任何一位张謇的后裔。

直至1979年绪武同志才得以回到家乡工作，是开放改革的新时代，为我们提供了结识的机缘；是张謇研究的共同责任感，促成我们成为密切合作的伙伴。整整消磨了将近20年的艰难岁月，研究者与研究对象的直系后裔才走到一起，这种缘分又是多么值得珍惜。从此，我们共同策划历次张謇研究会议，协助组织张謇研究队伍，促成相关学术论著出版……绪武同志习惯于把曹从坡、穆烜等南通本地张謇研究者称为"老战友"，我虽非当地土著，大概也可以忝列为"老战友"吧！

作为中国近现代史研究者，我有幸与许多历史名人后裔结识，并且在研究工作进程中经常得到他们的指点与帮助，而与我合作关系最为密切且持续最久者首推绪武同志。他为人谦虚朴实，热诚直率，所以初次见面即如多年知己，没有任何客套就进入实质性的工作探讨。最使我倾服的是他对历史学者的理解与尊重，绝不从个人亲情出发，影响乃至干预客观的学术研究。在这方面，他与居正的孙女居蜜博士非常相似，不管学者对于自己祖辈如何评价，只要是客观公正的探讨，他都持理解与宽容的态度，热情给以资料乃至经费的资助。如林济教授多年以前的习作《居正传》，尽管对传主有较苛刻的批评，但居蜜仍然赞赏其勤奋与才情，热情地向我推荐他来华师攻读博士学位。学术是学术，亲情是亲情，两者不可混为一谈，正如政治不可与学术混为一谈。可以这样说，我与绪武同志的友谊建立在理性基础之上，所以才能这样深挚，这样持久。

1979 年以后，由于公务繁忙，绪武同志虽然潜心研究祖父，但毕竟难以亲自撰写完整的传记。直至 2004 年初，他才稍得余闲，挤出时间认真读书，搜集资料，走访故地，请教长者，为《人民政协报》专栏《张绪武心中的祖父——张謇》撰文，一周一篇，累计 50 则。现今即将出版的《我的祖父张謇》一书，就是以这 50 则记事为基础，几经修改整理而成。通读全书，可以全面系统地了解张謇这位中国近代化开拓者的壮美人生。传主有一段习惯话语："天之生人也，与草木无异，若遗留一二有用事业，与草木同生，即不与草木同腐。故踊跃从公者，做一分便是一分，做一寸便是一寸。鄙人之办事，亦本此意。"在张謇看来，人生来就是为了做事；而所谓一二有用事业，主要就是为了国计民生。翁同龢为大生纱厂书写对联："枢机之发动乎天地，衣被所及遍我东南。"翁张师生之间相知之深，为常人所不能及，实乃流传千古之佳话。民生二字为动乎天地之人间枢机，大生之创办无非是从"衣被东南"做起。从大处着眼，从实事着手，这就是张謇永远值得世人学习的优长之处。

张謇为国计民生办有用之事，真可谓鞠躬尽瘁，死而后已。我称之为"春蚕精神"，这种精神已经被后裔传承，并且影响了许许多多仰慕他的有识之士。最近，绪武同志强邀我为季直先生大魁捷报书跋。我字既拙笨，文思更滞，但话语确实发诸至诚："大魁天下不恋官，实业救国成儒商。鞠躬尽瘁创伟业，春蚕精神永留芳。"

谨以此作为序之结语。

目　录

农家子弟

　　清朝咸丰三年五月二十五日，即公元 1853 年 7 月 1 日，祖父张謇出生于江苏省海门常乐镇一个世代为农民的家庭。海门（现为海门市）位于黄海之滨，海岸线长达 89.3 千米，南临长江，与上海市隔江相望。

　　珍藏在通州市档案馆的《通州张氏宗谱》记载：祖父的远祖居住在江南常熟县。六百余年以前的元朝末年，一位姓张名建字惟贤的人，因躲避兵乱，从常熟土竹山渡江迁移到通州①的金沙场（镇），他是通州张氏家族的第一世祖。张氏三世祖堂兄弟十人，建家园于金西三姓街（张、季、王三大姓），为当年有名的"十张园"。张氏后裔不断繁衍，有迁往石港、刘桥等地的。祖父这一系第十一世祖之前由金西迁往石港，但何时、哪一代迁往石港的尚未考清。直到乾隆年间，祖父高祖元臣（十二世）、曾祖文奎（十三世）从石港迁入金沙东五里庙河南头总。嘉庆年间，因家境困难，高祖朝彦阖家迁到通州金沙后又迁居通州西亭镇。道光年间，曾祖彭年又奉高祖之命，为侍奉外高祖，阖家迁到海门常乐镇侨居。祖父五兄弟，张誉、张謩、张詧、张謇、张警，祖父排行第四。

　　通州金西三姓街、金沙东五里庙（又名瞿家园）、海门常乐镇三地都有张氏家庙或宗祠，金西的宗祠是通州张氏总的宗祠，三世祖时修建，自嘉靖三十二年（1553 年）到泰昌元年（1620 年）全部建成东三进宗祠、西四进家庙，两棵十米以上的白果树至今

---

　　① 通州清雍正时升为直隶州，属江苏省。1912 年废州改为南通县。1949 年析南通县城区及附近工业区建南通市。南通县人民政府迁至金沙镇.1993 年，改设南通市。

依然屹立在园内。1922 年祖父在总宗祠旁建张氏小学，并以田养学，张氏子弟免缴学费。同年，三伯祖和祖父将金沙东五里庙当年高祖朝彦鬻于当地瞿姓家的地赎了回来，建立十二世祖元臣（字西园）和十三世祖文奎（字瞿园）的墓地，同时建成金沙五里庙宗祠，并为乡人子弟设立张氏私立小学校。墓祠正南三间供奉张氏十一世、十二世、十三世世祖，左右两侧厢房各两大间为小学教室。常乐镇的宗祠则是祖父为祭奉高祖朝彦和曾祖彭年的家庙，同时也另建了小学。1922 年 9 月，金西三姓街张氏修族谱，其辈行字，前取《诗经》"昭兹来许，绳其祖武"八字，祖父又取《尚书》"慎乃俭德，惟怀永图"八字为续。

通州张氏家族，祖父一系世代为乡农。

高祖在世时，高祖母有一天到河边去淘米，邻居李老太看见高祖母淘箩里的米很少，就赶忙回家拿了约一斗米，倒在高祖母的淘箩里。高祖母过意不去，节约了两个月的米，照数还了李老太。还告诫曾祖，不要忘记李老太的恩惠。后来，李老太儿子过世了，曾祖每年必定拿一斗米送给李老太，一直到李老太去世。

因生活困难，高祖曾向一姓李的邻居借了一笔钱，不久，高祖就去世了。姓李的迫不及待地向曾祖索债，曾祖表示，父亲欠的债，由儿子来还是应该的，但可否宽以时日，但姓李的不仅大怒，而且出口伤人，态度十分蛮横。曾祖忍痛将家中可当的全当了，可卖的全卖了，凑钱将欠债还了。日后，曾祖家境有了很大的变化，邀宋蓬山先生在家中设馆教子女读书，姓李的托宋先生向曾祖说情，可否让他的儿子来附读。曾祖很坦然地说："从前的事，已经过去，儿子附学，是现在的事，有何不可。"

有一年，祖父出痘，邻居范家儿子也出痘，曾祖体念范家穷苦万分，将家中一条棉被当了四百钱，为他家儿子请医生，买药治病，如同照应祖父一样照顾他家儿子。

以上一些事例说明：我家祖先虽非富贵人家，但重德，是厚道善良之人。

勤奋好学

曾祖彭年年幼时，除随高祖朝彦种田外，更喜欢识字看书，往往田里活还没干完，就走到私塾的窗外偷偷地听私塾先生讲课。高祖朝彦知道了，十分生气，责备曾祖："家里穷，人口多，哪里来的吃；父亲在田里晒太阳，儿子倒在屋子里乘风凉，哪是道理？"而私塾丁先生却十分赞赏曾祖好学的精神，帮着曾祖向高祖说情。高祖终于被打动了，同意曾祖半天种田，半天读书，直到学完《诗经》，能作七言对时为止。至此，张家终于出了"半个读书人"。曾祖虽对读书学习十分热爱，但因家境条件所限，未能实现自己的理想，因而将希望寄托在儿子们的身上。五个儿子中，祖父不仅勤于田间劳动，也十分喜爱读书，同时聪颖过人，曾祖非常高兴，对祖父的期望更殷切，督导更严格。未想到因此改变了我张氏家族的命运。

祖父方 4 岁，曾祖就教他识千字文，第二年，祖父不仅能背诵，且从头到尾一字不差。祖父到了 10 岁，《三字经》《百家姓》《神童诗》《孝经》《大学》《中庸》《论语》《孟子》都念完了，开始念《诗经》《国风》，先生出了"月沉水底"的四字对，祖父立即对出"日悬天上"。第二年，祖父 11 岁，在书房里，先生看见一位武官骑了一匹白马从门前走过，说出"人骑白马门前去"七字对的上联，要祖父对下联，祖父未多思索，随口说出"我踏金鳌海上来"，能踏在金鳌上，莫非是"状元"？祖父小小年纪已怀此壮志，似乎是一种预兆，所以后来此事被传为佳话。祖父 12 岁到 14 岁三年间，刻苦异常，读完《尔雅》《礼记》《春秋》《左传》《仪礼》等。祖父学习不是生记死背，而是能较深刻地理解文章的含义。祖父 11 岁那年，江南兵荒马乱，许多人逃到江北来避难。有一天，祖父在街上，听见一个衣衫褴褛的外乡人，高声念诵《滕王阁序》中的词句，向街人行乞。祖父记在心上，回到家问曾祖："这个人是不是拿'关山难越'的四句话，来诉说他的苦境?"曾祖听了十分高兴，想祖父小小年纪，已开始知书明理了。

我父亲曾说，祖父小时候，天资较高，聪颖而懂事，对父母孝顺，对兄弟友爱，对师长尊敬，对自己严厉，天天奋力加鞭，勤学苦读。15岁参加通州州试，取在百名之外，其友人范当世取第二名。先生对祖父极为不满，训责祖父道：假使有一千人去考，取九百九十九名，只有一人不取，就是你。祖父痛苦万分，但毫不气馁，在书塾窗格上、睡床的帐顶上，都贴上用纸写的"九百九十九"五个大字。睡觉的时候，用两根短青竹板，将自己的辫子夹住，睡熟时，头一动，身体一翻转，辫子牵动头皮，祖父就疼醒了，立刻爬起来，点起油灯，看到处处"九百九十九"五个大字，不禁泪如泉涌，每夜读书必"尽油二盏"。再应考时，果然有了很大进步，名次排在前列。

曾祖勤苦，爱惜物力。家中事务，全靠自己来做，如盖房子，从画线、打地基到砌砖、上梁、盖顶，全由他领着祖父和三祖父亲手完成。乡邻的事，祖父更关心。父亲曾谈道："那时乡里中，不时发生吵闹纷争的事，大家晓得祖父（彭年）忠厚，崇尚公道，常常不约而同地跑到我家，请祖父评理处断，祖父总是细心考虑事情的来由，事理的是非，心平气和，帮助双方判断曲直，排难解纷；大家都是心悦诚服，就此相安无事。"又如"咸丰三四年间，通州海门一带，旱灾蝗害，遍地皆是；粮食一贵，穷人更多，求借讨饭，跑上门来，一天总有十几起。祖父及祖母，常常节省饭食，分给大家，个个欢天喜地"。因此，祖父在曾祖言行的影响下，不仅勤于耕读，同时更早地接触了社会，很自然地勤于思考。父亲孝若公十分感动地谈到曾祖："居心的仁慈，克己的勤苦，爱惜物力。无微不至；最难得，是以穷苦的人，救济穷苦的人。……帮乡里解纷争，保和平，但又极不愿子孙去学他管闲事。儿子（张謇）既然为国服务，就立刻以子许国，不再以私人家庭的分际，分散儿子忠君奉公的责任，直到病危，依然不改。一旦见儿子贵了，名气大了，心里也不觉得有什么两样的地方，总是牢牢地不脱乡农的本色。……所以我家的一种安贫乐道独立自重的家风，我曾祖父传之祖父，祖父再传之我父。真所谓'水有源，木有根'。"

我曾祖母金氏，原籍东台，祖籍浙江临海。对祖父既十分疼爱，又严格要求。我祖父在《行述》一文中写道："母病，謇侍，叩所欲言。曰：'勉为好人，孝汝父。吾平时所言所为，汝曹所悉者，谨记之，一生学不尽也。有不讳，勿营佛事；有钱以偿夙负，振贫乏。汝曹有贤师友，乞数言以永吾生平之苦。如是而已。'"

借籍风波

清同治七年，公元 1868 年，祖父 15 岁，已到可以进入科举考场的年纪。养兵千日，用兵一时。祖父满怀雄心壮志，跃跃欲试，但一条深深的横沟挡在他的面前。按科举制度规定，凡三代没有做过学官，或者没有进过学的，被称为"冷籍"，"冷籍"的子弟概不能进考场参加考试。我家祖父之前，世世代代为农民，自然属于"冷籍"。祖父生性聪颖，多年勤学苦读，具有一定才学，在张氏宗族中有所传闻，却被苦苦挡于考场之外。不久，事有转机，但却被祖父老师宋璞斋误导。祖父年谱记载："三姓街（金西）族人兆彪字啸谷者，以武举经商起家；自兆彪习武中举，族习武中举者，咸、同两朝，先后殆十余人；兆彪尝憾族自道、咸后无文士，其于族派，则先君同辈行也；尝语紫卿先生，令余应试，而其人为两宋先生（宋璞斋、宋紫卿）所不慊，先君唯两宋先生之言是从。璞斋先生有素所谂之如皋人张骊，因欲余认骊为族，先试如皋，不得当再试通。"金西三姓街族人张兆彪与曾祖彭年公虽非嫡亲，但同宗同辈，张兆彪看中祖父文才，也出于光耀门庭的心情，主动向曾祖和祖父提出，认祖父为直系子辈，这样祖父即可顺利地进入考场参加考试。但祖父老师宋璞斋与如皋县的张骊父子关系密切，并收了张氏父子的好处，出于自身的利益，当曾祖向他提出认张兆彪为族时，宋先生不但不同意，而且大怒，坚持介绍祖父认如皋张骊同为族，曾祖和祖父出于对宋先生一贯的尊敬，听从了他的安排，但未想陷入了如皋张骊的陷阱，几乎毁了整个家庭和祖父的一生。

祖父入张骊族籍后，被迫改名为张育才，先后参加了如皋县试、通州州试和院试，考取第二十六名附学生员，获得了秀才的称号，初步取得一定的成果。然随之而来的是如皋张骊及其兄张驹、侄张镕等经年累月的敲诈勒索，曾祖变卖了田地，几近倾家荡产，也难以满足张骊等的欲望。在迫不得已的情况下，曾祖恳请宋璞斋老师出面疏通，让祖父更改履历，归还原籍，却遭到宋老师的严厉斥责："如若言，发达后请改不迟。今请改三代，则秀才立时斥革。种田人家甫得一秀才，易视如此耶？"张骊更丧尽良心，倒打一耙，反诬祖父"冒籍"，买通学官，欲将祖父拘押于如皋学宫问罪，祖父连夜冒着大风急雨逃出如皋城。二十年后，祖父在撰写的《归籍记》中记叙：走出东门，刚过小桥，一阵狂风，灯笼被吹灭，急雨扑面而来，伸手不见五指，沿河正在浚河，二三尺深烂泥淹没了膝盖，只能以伞为杖，走几步，蹲一蹲，强辨方向，心中愤恨犹如火烧，恨不得回去持刀与仇人拼了。但一想到父母尚在，奉孝为重，不值得与这些鼠头小人同亡。雨渐停，祖父到通州城里友人家时，内汗外雨，全身湿透，两脚尽是水泡，坐待天明。

祖父绝不向恶势力低头，他在《占籍被讼将之如皋》一诗中写道：

丝麻经综更谁尤，大错从来铸六州。
白日惊看魑魅走，灵氛不告蕙荪愁。
高堂华发摧明镜，暑路凋颜送客舟。
惆怅随身三尺剑，男儿今日有恩仇。

同治十年（1871年），江苏学政彭久余到通州，曾祖与祖父在忍无可忍的情况下，函呈学官，"自行检举被罔之误"，并详细叙述被骗、被逼、被辱种种事实和苦衷，请求主持公道，"褫衣顶归原籍"。彭久余初步了解有关情况后，交付通州查复。原来对祖父的遭遇有所了解的海门师山书院王崧畦积极帮助反映，海门训导赵菊泉直接给通州知州孙云锦写信说明内情，孙云锦清廉正直并爱惜人才，他进一步详细了解后，亲自出面调停处理此事。经呈核、咨转、对证、判定，同治十二年（1873年）五月，由礼部批准，祖父得以"改籍归宗"，复归通州三姓街张氏祖籍，落籍于张兆彪一系上，结束了这场无妄之灾。

二十年后，光绪二十年（1894 年），祖父考中状元，将"状元及第"匾额送入家庙。光绪二十三年（1897 年）正月，祖父"至三姓街家庙，祭始迁祖，祭金沙、西亭、通城祖考墓。……家庙行焚黄礼"。在这一系列的祭拜中，祖父感慨万千。

我国著名历史学家章开沅先生讲到祖父借籍归籍这段经历时，十分中肯地谈道：曾祖和祖父遭遇的固然是一场极大的灾难，但也因祸得福，对祖父来说，"也有突破性的收获，一是取得上述若干地方官员（主要是学官）的赞赏，开始得到上层人士的援引。二是结识了一批同案生员，如通州范当世（肯堂）、海门周家禄（彦升）、如皋颜锡爵（延卿）、陈国璋（子琦）等，扩大了交游面。三是在科举训练方面也有某些进益。……而更为重要的是，张謇从此开始走进了社会，并且逐渐增进了对这个社会的理解"。

初入社会

同治十三年（1874 年），祖父归籍的第二年，他视为恩师的孙云锦已调任江宁发审局。孙云锦体念祖父家境贫寒，同时也欣赏祖父文才和品德，再次向祖父伸出援助之手，诚邀他到江宁发审局，在自己身边任书记，帮助处理文牍等事务。祖父万分感激，有心报答孙云锦知遇之恩，便离家来到江宁，在治事之余，尽心尽力辅助孙云锦的两个儿子读书学习，三人相处犹如手足。那时祖父年方 21 岁。

江宁是东南文化中心，也是四方人才荟萃之地，几个大书院的山长都是国内知名学者。在孙云锦的关心和引见下，祖父先后投考钟山书院和惜阴书院，继续勤奋刻苦学习，学问有了更大的长进。同时也结交了更多的名师益友，如钟山书院山长李小湖、惜阴书院山长薛慰农、凤池书院山长张裕钊等。他如饥似渴地向这些名师学习治经读史。

这一时期，祖父在为人处世方面，也得到了锻炼。祖父初到江宁时，与同窗陈丈投考钟山书院，校官韩叔起负责评阅祖父试卷，未予录取。祖父对自己的制艺文字很有信心，因而心感不平，不能克制，直接给韩叔起写信，要求指出不足之处。不久后，祖父又改名再考钟山书院和惜阴书院，得到两院山长李小湖和薛慰农的好评和赏识，同取第一名，还亲与祖父见面。与此同时，薛慰农先生将祖父负气写信给韩叔起之事告诉了孙云锦先生，孙云锦先生很不高兴，严厉地批评祖父："少年使气，更事少耳，须善养。"并代祖父向韩叔起先生道歉，祖父既感激又惭愧。陈丈窗友也规劝祖父："才须晦以养之，谦以益之，否则恐招忌招损。"有的长者也告诫祖父："耐烦读书，耐苦处境。"祖父经历此事后，察觉自己思想上存在的问题，认识到自己的错误，决心接受教训，克服浮躁，加强修养，更好地做人。

　　章开沅老师曾谈到祖父的恩师孙云锦以及各位名师对祖父的"爱护倍加，仁至义尽"："张謇不仅经常受惠于父母的亲切教诲，而且还得益于许多时时给以诤言的师友。孙云锦与他不仅是主宾关系，而且简直是把他视为自己的子弟，既严格要求又关怀备至，而且以自身的风范深刻地影响这个初出茅庐的青年。李小湖、薛慰农、张裕钊三位名师对他更是关怀备至，不仅帮助他为一生的学业打下坚实的基础，而且在为人处世方面也给以言传身教。例如，同治十三年（1874 年）十月五日，张謇回通州应岁试之前，孙云锦特地为这个年轻幕客设宴送行。当天的日记表露了张謇的内心感动：'海师殷殷之意，厚无复加，濒行亲为检点行李，以肩舆送至舟。'第二年七月二十八日张謇在江宁参加恩科乡试之前，薛慰农又'甚相属望，坚嘱场前勿多访友，勿读闲书，一以凝文心、养文机为主。且谓于子期望最切，勉哉勉哉！'张謇激动地在日记上写道：'噫！不才安得抟九万里风，扶摇直上，报我生平知己耶！'"

　　同治十三年（1874 年）夏，祖父随孙云锦到淮安查勘有关渔滨河积讼案。一路上，他看到农村灾情十分严重，老百姓生活凄惨万分，不禁深有触动，途中陆续写了十多首诗，其中一首《农妇叹》曰：

> 朝朝复暮暮，风炎日蒸土。
> 谁云江南好，但觉农妇苦。
> 头蓬胫骭足藉苴，少者露臂长者乳。
> 乱后田荒莽且芜，瘠人腴田田有主。
> 君不见阊门女儿年十五，玉貌如花艳歌舞。
> 倚门日博千黄金，只费朝来一媚妩。

　　诗中流露出对百姓的关爱和对社会贫富差异的不平之情。民间百姓的痛苦使他更明确了今后的道路。

当年年底，祖父奉曾祖之命，回家乡完婚。祖母徐氏，贤惠知礼，曾祖和曾祖母十分喜爱，祖父也非常高兴。

祖父到江宁工作的第二年，经孙云锦先生介绍，与庆军统领庐江吴长庆提督相识，祖父对吴长庆为人清正、礼贤下士早有所闻，十分钦敬。光绪元年（1875年）年底，孙云锦奉调河运差，祖父因承父命准备次年乡试，未能随往。吴长庆托刘筱泉邀请祖父入庆军幕府，任机要文书，祖父向孙师汇报后欣然应命。回乡探望父母，赴职辞别时，作《去家检衣》一诗：

> 北风动庭树，落叶浩如雪。
> 游子身觉单，检衣辄呜咽。
> 游子还家时，褥袴垢且裂。
> 垢者忽以澣，裂者忽以缀。
> 瀚斯复缀斯，不闻慈母说。
> 游子计出门，终岁十常七。
> 还家慈母劬，出门慈母慨。
> 念此心孔伤，泪下不可掇。
> 游子眼中泪，慈母心上血。

诗中流露出对曾祖母无尽的眷恋，但祖父立志走向更广阔的天地。光绪二年（1876年），祖父入吴长庆幕府，时年23岁。

父亲孝若公曾谈道："吴公虽然是带兵的武人，但是很看重文人。自从我父到他的军幕以后，相待的情意和礼貌，非常优厚恳挚，晓得我父家里穷，不时送钱用；到了冬天，寒风飘雪，就送皮袍穿。"吴公在军营自己住的宅堂后，特地为祖父建造了五间茅庐，使祖父既可专心处理文书，又可安心读书。他还提出要为祖父保举功名，但祖父表示："不可于进身之始藉人之力"，未接受，决心依靠自己的努力，在科举考试方面取得好成绩，吴长庆越发器重祖父。其间，祖父除完成军中文书工作外，较多时间用于拜师学艺，三大书院山长对祖父教诲最多，祖父收益更大。在频繁的岁试、科试、优行试等考试中，六次获得第一名。

光绪三年（1877 年）正月，祖父为曾祖彭年公祝六十大寿，光绪四年（1878 年）十一月贺曾祖母金太夫人六十大寿。不幸次年十一月，金太夫人病重，病危时，她叮嘱祖父："病殆不起，善事汝父；汝大舅家累重，须看顾；有钱须先还债；穷苦人须周济，不必待有余；科第为士人归宿，门户名号，自须求之，但汝性刚语直，慎勿为官；汝妇能理家事，我无虑；汝作事勿放浪，好好做人。又我平生虽诵经理佛，但身后勿营佛事妄费。"曾祖母于十一月十八日未刻故。祖父一直告诫后人，曾祖母顾全大局、善人克己的思想，子孙们要永远牢记，永远继承。

光绪六年（1880 年），祖父随吴长庆登泰山，在快活岭下，吴长庆写下铭文："光绪六年四月，浙江提督庐江吴长庆人觐道此，偕乐平彭汝云、崇明杨安震、通州张謇登岱及顶。庆于兹山凡六游，而陟顶巅且三度矣。"当年，法国侵越南，窥伺我国领海。日本继续插手朝鲜事务，威胁中国东北。吴公奉朝命帮办山东防务，移六营驻登州和黄县。祖父随军幕先驻登州，后移蓬莱阁。

光绪七年（1881 年），军中发生了一个小插曲。四月的一天，项城袁世凯来拜见吴长庆并向吴公求职谋事。吴长庆与袁世凯的嗣父笃臣是结拜弟兄，吴公念及世谊，安排他先在营中候事，请祖父予以指点并为他修改文章。袁世凯虽然是河南一位秀才，但文理较差，祖父为他改文章，很认真，往往改得"一塌糊涂"。祖父是出于对袁世凯负责，但袁世凯却不大高兴，祖父对袁世凯有了初步的了解。刚过去两天，袁世凯神情张皇地找祖父说："我有一件了不得的事，要求先生想一个法子，帮帮忙。"祖父问他什么事，他说："我来的时候，带来几十个家中的旧部，一时不好和大帅说起，而他们住在外边的破庙里等候，连饭都没得吃了，先生看怎样好？"祖父向吴公讲明并说情，一贯厚道待人的吴公拿钱分给这些人，遣散他们回了老家。袁世凯对吴长庆和祖父一再表示感恩不尽。

随军赴朝

　　光绪八年（1882 年），朝鲜爆发了反抗封建势力和日本侵略者的"壬午兵变"。朝鲜国王李熙的生父李罡应阴谋夺权，引起朝鲜兵乱，"烧粮房，杀官吏"，日本的军事教官被杀，使馆被焚，日本乘机干涉朝鲜内政。朝鲜国王通过驻日公使黎庶昌告急，请求清朝政府出兵援助。当时北洋大臣、直隶总督李鸿章正在母丧守孝期间，其职由两广总督张树声署理。张树声与吴长庆商议后，请示朝廷，一面派丁汝昌、马建忠率军舰三艘赴朝，一面调船由吴长庆亲率庆军六营东渡援助平乱。

　　吴长庆对祖父十分信任，命他"理画前敌军事"，军中机密重要文件全靠祖父署理，祖父需要一个助手。祖父见袁世凯求学问无志趣，但交他办理的有关事务尚能较好地完成，有一定才干，因此赴朝前，向吴长庆建议，让袁世凯帮助做些准备工作，吴公自然同意。祖父派袁世凯执行前敌营务处事，立即随军赴朝。

　　七月初四，吴长庆率军乘威远、镇东、日新三艘兵船从登州出发，到烟台后，又有泰安、拱北二兵船加入。当时，受遣来华请援的朝鲜领选使、吏部参判金允植陪行。吴长庆与他作了长时间的交谈，祖父也在座，对朝鲜情况有了更详细的了解。初七到朝鲜，次日夜间开进内港马山津。经过较周密的思考，祖父连夜为吴公制定了平乱策略。初九上岸，驻扎马山。十一日，到果川住下，李罡应派大将军载冕来看望。十二日，"渡汉江，至屯子山驻军，去王京七里"。十三日祖父和吴公到京城拜会李罡应，下午三时李罡应出城答拜，吴公立刻宣示中朝谕旨，将李罡应拘押，立即送上停靠在南阳的兵船，开往天津。十五日晚，国王来信，急报乱军将在枉寻里、利泰院二处暴动，祖父及时制订攻剿计划。

十六日凌晨，吴帅亲自率队攻利泰院，另派一分队攻打枉寻里。早晨七时左右就结束了战斗，乱军死伤几十人，二百多人被活捉。祖父了解到其中有许多为父子兄弟亲属，出于人道，请示吴帅，商准国王，斩了几个首要，其余的都予以释放，一场乱事，终于平定。二十四日，国王接见吴公和祖父，并隆重地设宴款待。国王还送了一套三品冠服给祖父（祖父后将冠服送入南通博物苑，作冠服沿革研究之用。抗日战争期间，被日军所掠夺）。朝鲜大臣曾建议国王李熙以宾师礼遇祖父，请祖父留在朝鲜，祖父力辞。日后，黄炎培先生曾提及朝鲜在汉城建吴武壮祠，祠内设去思碑，以纪念吴长庆协助朝鲜平定内乱的功绩，并附随征将士宾吏题名，首列幕宾即为"优贡江苏通州张謇"。吴长庆为给部下论功行赏，要专折特保祖父、薛福成公、何嗣煜公三人，三人竭力辞谢不受。吴公未让祖父知道，直接寄了1000两银子到祖父家里。

朝鲜乱事虽已平息，但李鸿章对张树声、吴长庆调兵朝鲜并不满意。当吴长庆回国述职时，李鸿章将庆军改令马建忠统率，又借故将吴长庆调防奉天金州，以削弱吴长庆兵权。当吴长庆受到打击和排挤时，袁世凯看风使舵，极尽献媚之能事，做出了一些使吴长庆十分难堪的事。祖父看到袁世凯恩将仇报，落井下石，以换得个人升官加爵的恶劣行为时，十分气愤，与同在军中的三伯祖张詧和朱铭盘给袁世凯写了一封极其严厉的长信，中断了与袁世凯的往来。

祖父在朝鲜的经历和所见所闻，使他深感朝鲜局势的平静是暂时的，应该警惕日本的侵略野心。因此撰写了《朝鲜善后六策》，供朝廷当权者及早决策，以防患于未然。《朝鲜善后六策》主要内容包含：建议政府大力促进朝鲜内政改革；高度警惕日本侵略野心和军事动向；必须增强我国国力，特别要搞好与日本相近的东北三省的建设和军事防御等。但当《朝鲜善后六策》递呈到天津后，却被李鸿章搁置，慈禧看到内官转呈的该文，下交李鸿章处理时，李鸿章反认为"杞人忧天"。祖父茫然，写了《有感》诗一首，最后两句是："便欲伸椒陈宛转，微波何处是湘君。"

祖父怀着一腔报国之心，然开明的君主在哪里？朝廷和官场的专权、独裁、虚伪、倾轧，使祖父头脑有所清醒，也更加重了他对国家前途的忧虑。

　　光绪十年（1884 年）五月，祖父得到吴长庆病重的消息，立即赶往金州探望吴公，"见筱公，则病甚"。吴长庆于同年闰五月二十一日去世。祖父在日记中写道："悲夫！十载相处，情义至周，遂终于此，固其命也。而感念旧义，悼痛何如！"祖父与朱铭盘等彻夜拟哀启，作祭文，亲自料理丧事，处理好军中善后各事，方带着万分悲痛回到南方。

尽力乡事

光绪八年（1882年），祖父自朝鲜回国。后离开庆军，回到家乡，一面奉养父母，一面继续专心阅读学习，心情十分平和。写了几首诗，其中一首写道：

> 沈沈久雨云，混混下江水。
> 水去不复回，云开故有俟。
> 坐怜浩荡中，万亿流离子。
> 虚望将焉酬，空悲亦可耻。
> 天地有端倪，俯仰究终始。
> 及时且宁静，丈夫要如此。

光绪十年（1884年）七月，粤督张之洞委托广东提督蔡金章邀请祖父到粤督府工作。八月，李鸿章也命袁子九致意，请祖父入幕。祖父均婉言谢绝，到了次年四月，祖父将聘金40两，请周馥观察原封转交袁子九。当时祖父曾有"南不拜张，北不投李"的豪语。早在祖父自朝鲜回国后，李鸿章、张树声与吴长庆就曾要会折特荐祖父。祖父致函何嗣焜公，请转呈诸公，竭力辞谢，表明："吾辈如处女，岂可不择媒妁，草草字人。"这与曾祖的教导有关，他要求祖父交友投幕必严择慎始，丝毫不能迁就，宁可穷守，也不能随便向人低首折腰。

这一时期，祖父在家乡，身心得到较好的休整，同时为了继承曾祖父母爱乡爱民、为乡人多做事的传统，将自己的精力主要集中于办理一些乡里的事务。

通海一带，棉花为主要农产品，乡民全靠织布谋生，当时捐税繁重，祖父与通州恒记布庄老板沈燮均合作，联络各处花布商人，请求政府减少捐税。

光绪十年（1884年），地方又遭重灾，祖父与诸乡老集议平粜放赈。灾后，祖父又发起建立常乐镇永久性的社仓。

祖父根据海门土质等条件，提倡重桑育蚕，为乡人的生计开辟了一条新路。祖父集款到湖州购买桑秧，赊给乡农，送书《蚕桑辑要》一本，并请人传授种植方法。

其时，通海一带，时有海盗出没，影响沿海百姓安居乐业，祖父领导筹办沿海渔团（团练）。

因海门在科举时代秀才名额少并且没有拔贡，祖父屡次向江苏督学黄体芳反映请求，最后商准增加了名额。

祖父在乡近十年，为推动、提高家乡慈善事业、农业生产、乡民生活、防盗自卫、文化教育等花费了大量精力，做力所能及的事，受到父老的认可、广大乡民的爱戴，同时也锻炼了自己。

大魁天下

　　光绪二十年（1894 年），慈禧太后六十大寿，特举行恩科会试，那年祖父 41 岁，对功名已十分淡薄。三伯祖张督在江西写信给曾祖，建议曾祖命祖父再去北京应试，曾祖语重心长地对祖父说："儿试诚苦，但儿年未老，我老而不耄，可更试一回，儿兄弟亦别久，藉此在京可两三月聚，我心亦慰。"父命难违，祖父匆匆上路，赶到北京。

　　祖父 30 岁前后，他的学识以及品德等在社会上颇有传闻，引起一些高官、学士和文人的注意。身为帝师又为尚书的翁同龢尤为关切。翁同龢与祖父相识有这样一段渊源。光绪五年（1879 年），祖父在当年的科试、优行试，以及总督、江苏巡抚、学政三院举行的优行生试中，均名列第一。主试官夏同善在毓庆宫与翁同龢同值，因而向翁同龢介绍，并一再称赞祖父的文思和文采，这使素来爱才惜才的翁师对祖父有了最初的印象。祖父在朝鲜"壬午兵变"平定后撰写的《朝鲜善后六策》，经张树声转呈李鸿章，虽被斥为"多事"而搁置，但翁同龢、潘祖荫听说此事，主动索取阅看《朝鲜善后六策》，看后十分重视和兴奋，立即写信给吴长庆，问询祖父的情况并请吴长庆代为致意。翁同龢虽与祖父尚未见面，却已感到祖父对国家形势、国家前途的一些看法与自己颇为相同。

　　光绪十一年（1885 年），祖父赴北京参加顺天乡试，考试前，翁同龢即亲自到东单牌楼文昌关帝庙祖父住处看望，他们虽第一次见面，却分外亲切，翁师给予祖父恳切的指导和鼓励。他亲阅祖父优贡试卷，这次考试，祖父中了第二名。五年后，祖父应礼部会试未中，翁师建议祖父留试学正官，祖父谢却。又二年，祖父再次应礼部会试，仍未中，翁同龢感到十分遗憾，有意将祖父收入门下，留在京管国子监南学诸生，祖父表示万分感谢而仍婉辞。翁同龢对祖父的爱护和关心可以说无微不至，但祖父始终坚持，必须依靠自己的真才实学来实现心中的梦想。

在祖父几次礼部会试中，出现了"张冠李戴"的笑谈。其中光绪十八年（1892年）会试时，因翁同龢、潘祖荫等的赏识、重视和介绍，考试结束后，考试总裁、房考几乎都在寻觅祖父的考卷。几经周折，多方推测，在可能性很大的情况下启封试卷，却是常州的刘可毅。再找祖父卷子时才弄清，负责审阅江苏考卷的第一房同考官朱桂卿，因病撤任，由第三房冯金鉴代为审阅，第二房袁爽秋虽一再叮嘱冯金鉴，阅江苏考卷时，要多注意，但冯金鉴只顾吃鸦片，祖父的卷子，早已被他不经意间斥落了。翁同龢知道后，不禁流下了眼泪，潘祖荫、袁爽秋诸公等也深为惋惜。潘公、袁公后将有关情况告诉了祖父，祖父固然有所感慨，但并无任何懊恼和侥幸之心，只感激诸公诚挚爱惜之情。

祖父多年来屡试不中，心已阑珊，此次到京后，考试用的文具都是向友人借的。初试发榜前，祖父并未前去听录，不料中第六十名贡士。复试中第十名。翁同龢经过以往误把他人考卷认作祖父考卷的曲折，因而殿试考试一开始，即关照收卷官坐在一旁，等祖父交卷后直接送给他。翁同龢审阅后，得出"文气甚老，字亦雅，非常手也"的评语，竭力荐举。二十三日翁同龢与李鸿藻协商评定名次时，除张之万外，其他阅卷大臣都赞成将翁师选中的卷子定为前十名的第一。阅卷大臣捧前十名试卷进入乾清官西暖阁，拆除弥封，奏陈祖父为第一名时，翁同龢特别向光绪帝呈告："张謇江南名士，且孝子也。"光绪帝十分高兴和满意。祖父遂以一甲一名蟾宫折桂。

祖父在日记上记载：

四月二十四日，五更，乾清门外听宣，以一甲一名（状元）引见。

四月二十五日，卯正，皇上（光绪）御太和殿传胪，百官雍雍，礼乐毕备，授翰林院修撰。

父亲在《南通张季直先生传记中》写道："我父从小考到大魁，共经过县、州、院试……等试，以及乡试六次，会试五次，殿试一次，一齐算起来，在场屋里边有一百六十天……时间不可算不长，而苦工也用得着实不少。"

祖父在四月二十四日的日记中还写道："栖门海鸟，本无钟鼓之心；伏枥辕驹，久倦风尘之想。一旦予以非分，事类无端矣。"

其时，朝政大权被慈禧所操纵，虽然光绪十五年（1889年）光绪帝18岁时，慈禧提出"归政"光绪，但不过是掩人耳目。光绪帝志有所为，但力不从心，周围的臣僚翁同龢、文廷式等盼望光绪皇帝真正成为有实权的皇帝，因而逐渐形成以翁同龢为首的帝党集团。慈禧和她周围掌握大清王朝军政实权的贵族官僚，为死保封建专制王朝和自身的权益，形成了以李鸿章为首的竭力打击压制帝党的后党集团。双方矛盾十分尖锐，主要分歧在对日本的侵略抱取什么态度上，当时，日本以朝鲜为跳板，意欲侵略中国的野心日益明显。以慈禧为首的李鸿章等大臣不着力于备战，把希望寄托在外国调停上，力主避战求和。以翁同龢为首的帝党则拥护光绪帝，力主在充分做好战备的基础上，坚决抗击日本的侵略，捍卫国家的主权和利益。

五月，祖父到翰林院任职。日军公然出兵朝鲜，占领汉城等城市，六月，挑起中日甲午战争，这印证了祖父十多年前《朝鲜善后六策》上的有关进言。七月一日，中国和日本互相宣战，光绪帝命令李鸿章"派出各军迅速进剿，厚集雄师，陆续进发"。这使祖父更敬爱光绪帝。当年曾有传说，光绪帝决心要战，是出于翁公；而翁公决心要战，是出于祖父张謇。例如罗敦曧在《中日兵事本末》中写道："枢臣翁同龢握大政，修撰张謇其门生最亲者也，力主战……乃决备战。"我父孝若公引翁同龢六月十四日的日记："上意一力主战，并传懿旨亦主战……"说明当时光绪帝主战的决心是很坚定的，当然，翁同龢与祖父力主抗日的主张对光绪帝也有一定影响。

八月，我方节节败退。九月四日，丁立钧领衔并联合翰林院三十五人上《请罪李鸿章公折》，祖父则单独上《推原祸始防患未来请去北洋折》，义正词严地揭露了李鸿章一贯主和误国的罪责，直言："直隶总督李鸿章自任北洋大臣以来，凡遇外洋侵侮中国之事，无一不坚持和议。天下之人，以是集其诟病，以为李鸿章主和误国。……则今日之事，早见于十年以前。而李鸿章则又于十一年将驻韩三营全数撤回，并罢吴长庆所定教练韩兵之事。……坚日必得朝鲜之志，长日轻量中国之心，谓非李鸿章，谁执其咎？……自来中外论兵，战和相济。西洋各国，惟无一日不存必战之心，故无一人敢败已和之局。李鸿章兼任军务、洋务三十余年，岂不知之？……试问：以四朝之元老，筹三省之海防，统胜兵精卒五十营……用财数千万之多，一旦有事但能漫为大言……曾无一端立于可战之地，以善可和之局。稍有人理，能无痛心？……李鸿章之非特败战，并且败和。"祖父想起以前，李鸿章轻忽他的忠告，以致造成如今进退失据的局面，当然十分悲愤。此前翁同龢也在病中写信给祖父："将不易，帅不易，何论其他？"

正因为祖父与翁同龢在国家时局一些重大问题上有许多共识，甲午战争爆发前后，相互来往和通函很频繁和密切。祖父日记记载：六月初六、十三、十七、廿七、廿八，七月初二，九月十六，均有书信上呈翁师；六月廿一，七月初九、十八，八月廿二，九月十五，五次拜见翁师，二人相谈甚切。祖父出于谨慎，日记上主要记录时日，未详细叙及内容。但从翁同龢日记中可看到：

六月十四日——张季直（张謇）函，论东（日本）事。

十九日——得张季直函，论东事。

七月初五日——张季直函，送地图。

初九日——张季直来谈时事，激昂感慨，留饭而去。

十二日——得张季直函。

十八日——归后来谈时事，可怕也！然箴入骨。抵晚始去。

廿四日——又复张季直昨日书；此时清议大约责我不能博采群言，移时局，然非我所能及也。

八月初八日——晚张季直来谈。

九月初七日——张季直折参合肥。

　十四日——张季直来，危言笔论，声泪交下矣。

翁同龢日记的记述，透露了他们对国家面临危难的忧虑，对日本公开军事侵略的气愤，对李鸿章力主求和、辱国丧权行为的极度愤怒。

现实亦使祖父认清清廷的腐败。早在四月份的一天，慈禧太后从颐和园返回京城，大小文武百官在宫门前迎候，久候未至，劳累万分。当看到御驾一行缓缓而来时，一阵暴雨倾盆而下，所有大臣淋跪在水洼里，狼狈不堪。而慈禧稳坐轿内，仰面无视而去。祖父身处其境，内心痛苦万分，觉得这样的官是有志气的人该当的吗？不如回去当老百姓！本着"实业、教育乃富强之本"的信念，脚踏实地去干，也许能开辟出一条新路来。

九月十八日祖父突然接到曾祖病逝的消息，循例应立即回籍守制。十九日祖父匆匆离开北京。翁同龢在送别的信上说："此别不知何日相见……日来心思甚劣"，足见师生情长。二十七日，祖父由上海回到常乐镇家里，悲痛万分，"入门伏地恸绝，寝苦丧次，一第之名，何补百年之恨，慰亲之望，何如侍亲之终，思之泣不可仰"。

祖父回到故里的第二年，光绪二十一年（1895 年）正月三十日，通州知州来函，告知两江总督张之洞已经奏请任命他办通海团练以加强海、江防。祖父花费了五个月的时间阅读有关资料，了解有关情况，研究定策，亲自起草了《海门团防营制》《民团续议》等，写了一首《通海劝防歌》。他深恶过去办团练借筹款之名苛扰乡民的积弊，率先以 24 箱书籍，"付典肆，抵质银千元"，补助通海团练费用，不采取募捐的办法，以免增加老百姓的负担。

四月，传来北洋军战败的消息，李鸿章代表清政府与日本签订了丧权辱国的《马关条约》。祖父悲愤万分，在日记中记录了《马关条约》的全部内容，其中包括：割全台、奉天九州县，赔二万万两，苏、杭、沙市通商，内地皆通商等条款。祖父明确指出，条约的签订"几罄中国之膏血，国体之得失无论矣"，"以我剥肤之痛，益彼富强之资，逐渐吞噬，计日可待"。这更坚定了他"实业救国，教育救国"的意志，加快了开创和实践的步伐。

六月，祖父到南京拜见两江总督张之洞。张之洞热情款待，二人谈话十分相投，就商务、教育、农事等广泛地交换了意见；对《马关条约》签订后国家的形势谈得更多。鉴于日本人在我国内地办厂势在必行，二人共同认为必须抢先在长江口尽快建立我国自己的工厂，祖父从我国的优势出发考虑，建议先办纱厂和开发海门沿海滩涂，以尽快取得经济效益，张之洞积极支持。祖父立即为张之洞起草《条陈立国自强书》，其中提出"练陆军，治海军，造铁路，分设枪炮厂，广开学堂，速讲商务，讲求工政，多派游历人员，预备巡幸之所"九条改革措施。不久，张之洞呈报朝廷，并发文委派祖父、苏州陆润庠、镇江丁立瀛分别在通州、苏州、镇江设立商务局，同时在通州、苏州各办一纱厂。

大德曰生

祖父开始兴办的第一个生产企业是纺纱厂，因为他了解家乡通海地区棉花资源丰富，质量也十分好，并且农村几乎家家有木制的纺纱机和织布机，具有劳力、技术优势，兴办新型的工厂，可为农民谋生开拓一条新的更为广阔的出路，取得较好的经济效益。当然祖父举办机器生产的现代工厂的根本动机在于从大局考虑，发展民族工业，保护国家的权益。祖父为大生纱厂制定的《厂约》中说得很清楚："通州之设纱厂，为通州民生计，亦即为中国利源计。……捐我之产以资人，人即用资于我之货以售我，无异沥血肥虎，而祖肉以继之。利之不保，我民日贫，国于何赖？"意谓，办纱厂是为了通州人民的生产和生活，也是为了保护国家的资源不外流，利益不受损害。如果将我们的资源（棉花）供给外人，外人加工成产品（棉纱、棉布）再卖给我们，岂不等于以我们的血和肉去不断地喂肥老虎么？国家的利益既然丧失，人民更陷于贫困，国家又如何生存呢？

祖父立志创办大生纱厂的主观想法，是为了给为世所轻、"只会说，不会做"的书生争口气。他说："余自审寒士，初未敢应。既念书生为世轻久矣，病在空言，在负气，故世轻书生，书生亦轻世。今求国之强，当先教育，先养成能办适当教育之人才，而秉政者既暗蔽不足与谋，拥资者又乖隔不能与合。然固不能与政府隔，不能不与拥资者谋，纳约自牖，责在我辈，屈己下人之谓何？踟蹰累日，应焉。"

祖父学习与引进西方先进企业制度即股份制来办厂，第一件事即"招商集股"。他首先邀请海门花布商沈燮均、通州花布商刘桂馨、福建人上海洋行买办郭茂之、上海广丰洋行买办潘华茂等人协商发起认股，订立章程，明确股权等，最初确定完全由"商办"，预计招股60万两，先购纱机两万锭，股票仿照西法，以100两为一股，共计6000股。经考察，光绪二十二年（1896年）九月二十七日决定，选择离城约15里、与出口港口相近、运河西岸、水陆运输便利、环境良好的唐家闸陶朱坝为厂址（为后来一城三镇的布局打下了基础）。祖父以《易经》"天地之大德曰生"之意为厂取名"大生纱厂"。

若干年前，张之洞为办湖北纺纱局南厂，从国外买来纺纱机器，后转给江宁商务局，又因故一直搁置在上海黄浦滩，日晒夜露，机器生了锈，闲置着十分可惜。祖父再三和时任两江总督的刘坤一商量，请求将机器调给大生纱厂，折价50万两银子，作为官股投资，刘坤一同意按此办理，为祖父办厂解决了一个大问题。同时议定纱厂由完全"商办"改为"绅领商办""官商合办"，官商各任其半，股本由原定60万两扩大为100万两，"官股"百分之五十，另一半资金50万两则必须由祖父自己设法筹集。祖父面临重大的考验，但他下定决心，知难而上。

经过约四年的艰苦奋斗，抵制了外界种种干预、谣言是非，克服了资金、技术、人力、经营管理等难题，大生纱厂终于在光绪二十五年（1899年）四月开车纺纱了，在广阔的苏北平原上第一次出现以"机器"生产的棉纱。但祖父创办第一个企业的艰辛并未为世人所知。我父亲孝若公在为祖父作的传记中叙述了这么一段："从光绪二十一年（1895年）三月到二十五年（1899年），这四年间，我父奔走南京、湖北、通、沪各处，白天谈论写信筹画得手口不停，夜间又苦心焦想，翻来覆去，寝不安枕；官绅的接洽说话，一天几变，捉摸不定。有钱人的面孔，更是难看，推三阻四。上面的总督虽然赞助，而底下的官员没有一个不拆台。旁人也没有一个不是看好看。所谓人情冷暖，世态变幻，我父是亲尝而身受了，又是气愤，又怕办不成功。在集股筹款的时候，以一个穷读书人，虽然有了名，但是名不能当钱用；试问从哪里能够叫人家相信呢？而且这边筹到款用，那边又不够了；今天筹到款用，明天又不够了；天天过年三十夜，弄到万无法想的时候，常常跑到黄浦滩对天长叹……眼里的泪同潮水一样涌出来。有时候旅费不够，也卖过好几回的字，厂款分文不去动用。所以我父最初最大的成功，是完全建筑在坚忍的、勤俭的毅力上边。从此以后，中国的工业，才因为我父有了一个光明的开始。"

远在常熟的翁同龢听到大生纱厂开工的消息，欣喜万分，题联以表祝贺：

> 枢机之发动乎天地，衣被所及遍我东南。

两江总督刘坤一亦为大生纱厂的诞生欣喜万分，向祖父拱手相庆说："是皆君之功。"祖父回答："事赖众举，一人何功？"总督说："苦则君所受。"祖父答："苦乃自取，孰怨？"总督又说："愿闻所持之主意。"祖父答："无他，时时存必成之心，时时作可败之计。"总督问："可败，何计？"祖父答："先后五年，生计赖书院月俸百金，未支厂一钱；全厂上下内外数十人，除洋工师外，一切俸给食用开支，未满万金耳。"刘坤一总督点头抚掌，若有所思，感慨良久。

大生纱厂创办成功，祖父请江宁画家单林画了四幅《厂儆图》，警诫全体职工和后人铭记大生纱厂创建过程中所经受的来自各方的刁难和欺骗。四幅画画名分别为"鹤芝变相""桂杏空心""水草藏毒""幼小垂涎"，以隐喻的方法分别讽刺洋行买办潘华茂（字鹤琴）、郭茂之的反复无常；江宁布政使桂嵩庆、太常寺卿盛宣怀（字杏荪）的言而无信；通州知州汪树堂和幕僚黄阶平的暗藏祸心；上海商界巨子朱幼鸿、严小舫的贪得无厌。四幅《厂儆图》也形象地表达了我国脆弱的民族工业起步的艰辛。

祖父更不忘在筹建之初即给予他资金等最大支持的朋友沈燮均（敬夫）、高清（立卿）、刘桂馨（一山）。沈燮均先生退休后，祖父给予高度评价："通纺业之兴，归功于燮均之助。谓与共忧患，屡濒危阻而气不馁、志不折、谋不二者，燮均一人而已。"高清先生1912年去世，祖父为其撰墓志，称他"同苦共忧患"且"艰苦忠实"。刘桂馨先生不幸去世后，祖父在挽联中有"岁岁吊君成节候"悠悠我里叹才难"的感叹。

纱厂及时造了工房，使工人有安住的地方；兴建学校，工人子弟可以入学；举办医院，职工可以看病治疗；建造公园，供职工休养生息；设立储蓄所，职工可以储存工资、生息。

大生纱厂创办成功，关键还在于祖父一开始就确立以西方先进企业制度——股份制来办厂。祖父吸取洋务派办企业的教训，既重视资金募集，又强化经营管理。大生纱厂随着市场的扩大，生产的发展，光绪三十三年（1907年），在祖父主持下，召开了股东大会，选举董事局成员、查账员（相当于监事），摆脱官方的干扰，坚持股份制的完善，保证企业健康发展。

大生纱厂取得较好的效益，有较多积累时，祖父陆续兴办了油厂、面厂、铁厂、丝厂、轮船公司等轻、重、运输业一系列股份制的子公司，各公司均为独立法人，自主经营，自负盈亏。凡对国家经济发展有利，同时地方又具备一定优势的工农业和第三产业，凡能为人民、地方提供便利和增加幸福的事业，祖父无不依次着手兴办。父亲孝若公戏说，大生纱厂兴旺发达，子孙满堂，为集团公司奠定了基础。

祖父在南通地区的实业有所发展后，还在外地筹办或参与兴办了一批企事业，如投资兴办了镇江开成铅笔厂、宿迁耀徐玻璃公司、江西瓷业公司、苏省铁路公司、中国图书公司等。教育事业方面，参与筹建南京大学前身三江师范学堂，支持创办了震旦学校和复旦公学（今复旦大学前身），在上海吴淞为从日本回国的留学生创办中国公学，举办苏州铁路学校、上海吴淞商船学校、吴淞水产学校、南京河海工程专门学校、东台母里师范学校、扬州两淮师范学校以及中小学等。

大生纱厂是祖父"实业救国、教育救国"，"父教育、母实业"实践的起点，是祖父一生事业发展的基石。

力主变法

光绪二十一年（1895年），时祖父还在家乡守制，康有为等在北京组织政党性的团体"强学会"，后在上海筹设分会，梁鼎芬邀请祖父参加发起，电文称："现与仲弢（黄绍箕）、长素（康有为）诸君子在沪开强学会，讲中国自强之学，南皮主之，刊布公启必欲得大名共办此事，以雪国耻。"祖父同意参加强学会，表明他对"救亡图强，变法维新"宗旨的拥护和赞同。

祖父在家乡守制整整三年，光绪二十四年（1898年）闰三月十六日回到北京，十八日正式向翰林院销假。此时北京维新运动正处于高潮，翁同龢与祖父师生分别三年，再次相聚，有太多的心里话要谈，有太多的事要交流和商量，翁同龢在日记中记叙：

四月朔　张季直殿元服阕来散馆，晤谈，言江北纱布局及盐滩荒地两事，皆伊所创也。

四月十八日　看张季直各种说帖，大旨办江北花布事，欲办认捐及减税二端，又欲立农务会，又海门因积谷滋事，欲重惩阻挠者。此君的是霸才。

四月二十日　晚约张季直小饮，直谈至暮。毕竟奇才。

四月廿五日　申初二张季直来，谈至暮，盖无所不谈矣。

（注：四月二十三日光绪帝正式诏定国是，宣布变法。）

翁师日记中除谈到祖父创办纱厂、发展农垦等有关事业外，其他内容未作详细记述，但翁师和祖父谈话后曾给祖父一信，其中写道："雄论钦服，法则必变。有可变者，有竭天下贤智之力而不能变者矣。"四月二十五日（光绪帝宣布变法后的第二天），祖父日记记载："虞山（翁）谈至苦。"这都表明了翁同龢与祖父既相互激励，又忧虑至深，谈得最多的无疑仍是"变法"，在光绪帝宣布变法的前一天，祖父四月二十二日日记也载明，"见虞山（翁同龢）所拟变法谕旨"，足以说明了一切。

光绪帝正式诏定国是宣布变法后的第四天，四月二十七日，慈禧手段毒辣，以光绪的名义谕令翁同龢开缺回籍。祖父在当天日记中写道："见虞山（翁）开缺回籍之旨，补授文武一品及满汉侍郎均具折谢皇太后之旨，亲选王公贝勒游历之旨，所系甚重，忧心京京。朝局自是将大变，外患亦将日亟矣。"史学家章开沅教授曾著文论及："由于张謇对宫廷斗争的内情知之较多，所以他对政局变化所作的判断也比较准确。慈禧在放逐翁同龢的同时，把二品以上的文武大员的任命权控制在自己手里，并且让死党荣禄署理直隶总督，绝对控制京、津地区的近卫军。经过如此周密的布置，他们就可以随便在什么时候用什么方法一举击败帝党和维新派短暂的联盟。"

四月二十八日，翁同龢赶到宫门向光绪叩头作最后的诀别。"上回顾无言，臣亦黯然如梦。"二十九日，祖父奉旨人乾清宫觐见光绪帝，祖父记叙："瞻仰圣颜，神采凋索，退出宫门，潜焉欲泣。"

祖父唯恐翁师将遭杀身灭族的大祸，三十日翁师已治装谢客时，祖父又去探望，"引朱子答廖子晦语，劝公速行"。他是用宁武子"邦有道则智，邦无道则愚"的故事，劝说翁师尽早南归。祖父还呈诗一首：

> 兰陵旧望汉廷尊，保傅艰危海内论。
> 潜绝孤怀成众谤，去将微罪报殊恩。
> 青山居士初裁服，白发中书未有园。
> 烟水江南好相见，七年前约故应温。

五月十三日，祖父赶到马家堡京津铁路车站为恩师送行，翁同龢永远离开了北京。

五月二十四日晨，一场暴雨，祖父写了一首五言诗：

> 未测天性情，朝来乍雨晴。
> 稍当被尘土，一笑看风霆。

祖父决定尽早离开京城，六月三日他以"通州纱厂系奏办，经手未完"为由，再度向翰林院请假，同时也谢辞了孙家鼐挽留他任京师大学堂教习的盛意，当天离开北京，日记中写道："卯初即行，读书卅年，在官半日，身世如此，可笑人也。"

祖父回到家乡，每天都关注着京师政局和变法的进展情况，他的日记和后来整理的年谱中都有记载，如："（八月）六日，太后复临朝，逮捕康有为。有为逃，各国兵舰集天津，诘总理衙门，问上病状。……德宗有疾，召京外医（实际上光绪帝已被慈禧囚禁于瀛台）。……杨深秀、杨锐、林旭、谭嗣同、刘光第、康广仁被戮。"祖父对戊戌变法提出的维新主张基本上是赞同的，但对康有为为首的维新派采取"铤而走险，诉诸宫廷政变"的方法，是有看法的，认为过于"卤莽"。同时，祖父对康有为的为人也有看法。祖父在年谱中写道："在京闻康有为与梁启超诸人图变政，曾一再劝勿轻举，亦不知其用何法变也。至是张甚，事固必不成，祸之所届，亦不可测。康本科进士也，先是未举，以监生至京，必遍谒当道，见辄久谈，或频诣见，余尝规讽之，不听。此次通籍，寓上斜街，名所居为万木草堂。往晤，见其仆从伺应，若老大京官排场，且宾客杂遝，心讶其不必然，又微讽之，不能必其听也。"

师生情深

　　祖父回到通州，集中精力忙于纱厂的事务。光绪二十四年（1898年）五月，翁同龢被开缺回到家乡常熟后，慈禧与后党仍不放过他，十月，翁同龢又遭"重被革职，永不叙用"。翁同龢的遭遇并未使祖父畏缩，更未退避，难抑心中悲愤外，对恩师更加关切，无时不思念着翁师。隔年二月八日，祖父由水路专程到常熟看望翁师，师生二人深谈良久。翁同龢邀祖父游虞山、兴福寺、连珠洞、三峰、清凉寺等名胜古迹，十分尽兴。晚餐后，二人又谈至深夜。祖父在日记中记述，翁同龢谈起国家事，谈到对光绪的挂念时，痛苦万分，悲泣出声。他与祖父交谈近八个小时，"口无复语，体无倦容"。祖父看到翁师身体和精神都不错，心里也高兴，他想也许正因小人之祸反而得福。祖父站在虞山上，远眺长江之北家乡狼山，思绪起伏，"远望狼山在江云灭没中，徘徊久之"，写了一首《呈松禅老人（翁师）》的诗：

> 楼台无地相公归，借住三峰接翠微。
> 济胜客输腰脚健，忧时僧识鬓毛非。
> 尚湖鱼鸟堪寻侣，大泽龙蛇未息机。
> 正可斋心观物变，蒲团饱吃北山薇。

　　祖父回家后，十一月七日，又派专人送食品八色给翁师，并呈函邀请翁师到通州狼山等名胜游览，翁师立即回信辞谢并说明原因："紫琅（狼山）之约，殆成虚愿；无事尚腾口语，矧扁舟出游耶？乍寒，千万珍重。"翁师虽事事慎重，但仍难避口舌，不应邀约也是出于对学生的保护，翁师托使者带回他为祖父《张季子荷锄图》所题诗：

> 平生张季子，忠孝本诗书。每饭常忧国，无言亦起予。
> 才高还缜密，志远转迂疏。一水分南北，劳君独荷锄。

祖父任何时候不忘自己是农民的儿子，永远不脱农民本色。"一水分南北，劳君独荷锄"两句，说明只有恩师才能如此深刻地理解自己的学生。

光绪三十年（1904 年），祖父再次去常熟探望翁师。五月十六日启程，十七日抵常熟，翁师病卧在床，精神很差，但仍"凝欷手牢握"。祖父告别老师回到家乡方二日，翁师即病逝，祖父二十五日日记中写道："见报载常熟以二十日无疾而终，去十八日之别二日耳，遂成千古永诀。追维风义，岂胜怆痛！"翁师留下遗言，命祖父亲自执笔书写其自撰挽联一副，这是对祖父最大的信任，也表现了师生情谊的最高境界。祖父如命含泪写完翁师自撰挽联：朝闻道夕死可矣，今而后吾知免夫。

祖父和翁师的亲属详细地商议了有关墓地和故居的修缮，回通州后又给翁师的亲属修之去了一封信，谈到他每念及先师的墓庐就会产生一些遐想，既是对翁师生平的怀念，更是对忠于国家忠于民族的忠臣的纪念。祖父对翁师故居的修饰考虑得更为周详，如一定要立足于长远，木材坏的薄的必须更换；楼基要离地二尺，使地板下通风；两小阁之间循南墙建一走廊，既可避雨，又可遮阳；对翁师留下的物品要很好地加以保管和陈列。考虑到先师一生俭朴，祖父先寄去五百元，要求按规去做，并表示以后根据需要再寄钱去。"兹敬先寄五百元为修之助，设逾素计，当更续寄。……幸语修之，勿疑菲薄。缮治工竣，似不必扃，师所寝处，或扃其一，尝所御物，列而存之；至于上下他室，似可尽启。……又祠楼之南，下临湖曲，若有小汊……外舟可从入径薄岸否？由县西门至此，水程复几何？……并希举示，为他日或扁舟过江径造祠下也。"

祖父 1921 年去翁师墓拜祭时，奉诗一首，泣诉墓前：

　　亟趋墓前拜，眦楚泪频蓄。凄惶病榻语，万古重丘岳。……
尊骀贡大义，凝欷手牢握。……平生感遇处，一一缭心曲。……

　　常熟虞山与南通五山（狼山、军山、剑山、马鞍山、黄泥山）
隔江相望，祖父思念先师不已，1924年冬，在长江边马鞍山东岭
建成虞楼，登楼观江，云雾中隐隐约约可见隔江的虞山、翁师的
墓庐。虞楼有祖父一篇题跋："归筑斯楼，时一登眺，悲人海之波
潮，感师门之风义，殆不知涕之何从也，名虞楼以永之，亦以示
后之子孙。"他还写了一首《宿虞楼》诗：

　　　　为瞻虞墓宿虞楼，江雾江风一片愁。
　　　　看不分明听不得，月波流过岭东头。

　　祖父与翁师的深厚情谊，是留给我们子孙的又一份宝贵的精
神财产。

东南互保

　　光绪二十六年（1900 年），即戊戌变法失败后的第二年，高举"扶清灭洋"旗帜的义和团运动风起云涌，席卷京津地区。慈禧为首的清政府出于一定的政治目的，招抚义和团，并对外宣战，形势突变，西方列强组成八国联军经天津占领北京。慈禧一行狼狈西行，逃至太原，转达西安。

　　帝国主义列强害怕义和团运动的发展可能摧毁他们在中国的殖民主义统治和既得利益，一方面组织联军在北方打击义和团，一方面希望保持东南的稳定。以英国为首的帝国主义列强经营东南沿海多年，他们深知确保东南局势平稳和安定的重要性，英国驻沪代总领事华仑主动与在上海的盛宣怀联系，请盛宣怀出面敦促东南各省督抚与驻沪各国领事达成谅解，以订立保障东南的条约。东南各省的洋务派和绅商人士，深虑义和团运动的蔓延，会破坏东南地区的稳定，危及自身利益和安全，因此对英方的建议采取积极支持的态度。湖广总督张之洞、赵凤昌亦对此表示认同。在此之前，两广总督李鸿章已暗示盛宣怀加强与两江总督刘坤一、湖广总督张之洞的联络。欲通过两广、两江、湖广三方的协调，妥善处理与外国的关系，以阻挡"拳祸"的蔓延。为做好刘坤一的工作，赵凤昌、何嗣焜一致推荐祖父出面，认为他最适当。

　　祖父自 19 世纪 80 年代末创办大生纱厂，收获甚大，90 年代初正积极筹办通海垦牧公司，进一步发展地方事业，因而特别关心东南地区市场的稳定和安全，也把希望寄托予洋务派督抚与帝国主义列强达成谅解和合作。五月，祖父收到赵凤昌和何嗣焜联名发来的急电，被邀赴沪共商国是。祖父乘招商局江轮抵沪，与盛宣怀、赵凤昌、何嗣馄、沈瑜庆、汤寿潜、陈三立、施炳燮等对"东南互保"作了全面仔细的研究。众人共请祖父晋见两江总督刘坤一游说此事。祖父和刘坤一情谊深厚，他将有关情况说明后，起初刘坤一碍于朝廷已对外宣战，以及尚有较多幕僚劝阻，犹疑不决，问祖父道："两官将幸西北，西北与东南孰重?"祖父答道："无西北不足以存东南，为其名不足以存也;无东南不足以存西北，为其实不足以存也。"刘坤一终于决定接受建议，对其幕僚说："头是刘姓物，即定议电鄂约张。"很快，江、鄂、粤三总督在保卫东南的问题上取得实质上的一致。章开沅教授谈到祖父劝说刘坤一之词时述及："东南是当时中国经济、文化最为发达的地区，是清政府财源粮饷命脉之所在，据光绪二十七年（1901年）江海关关册记载，当年关税收入已达800万两以上，即此已可想见上海一带经济实力的雄厚。'东南互保'表面上似乎违抗了清廷宣战谕旨，但是却从根本上维护了清廷的继续存在。旧疆吏在采取重大政治行动之前必须进行道德范畴的论证，尽管在实质上充满了利害得失的考虑，但他们力求通过恪守表面上的君臣名分以获取心灵上的安慰。'无西北不足以存东南，无东南不足以存西北'，这番议论便使刘坤一下定了决心。"

光绪二十六年（1900年）五月三十日，中外双方举行谈判。中方代表是余联沅、盛宣怀及两江总督代表沈瑜庆、湖广总督代表陶森甲。外方是各国驻沪总领事，主要有英、美、日驻沪总领事华仑、古纳和小田切万寿之助，双方共同议定了《东南保护约款》九条、《保护上海城厢内外章程》十条。其主要条款是："一、上海租界归各国公同保护，长江及苏杭内地均归各督抚保护，两不相扰，以保全中外商民人命产业为主。……三、长江及苏杭内地，各国商民、教士产业均归南洋大臣刘、两湖督宪张允认切实保护。（上海制造局）军火专为防剿内地土匪、保护中外商民之用，设有督抚提用，各国毋庸猜疑。"等等。

"东南互保"是特定时期下的特定产物，是帝党分子、洋务派督抚、东南上层绅商和西方列强出于各自利益妥协的产物，但在客观上使当时中国经济实力的中坚地区、最富裕的地区免遭战祸，从国家稳定、人民生计考虑，有一定历史意义。

变法平议

　　光绪二十六年（1900 年）庚子之变后，清政府在内忧外困的情况下，为了取悦列强并欺骗人民，年底发出准备变法实行新政的诏谕。刘坤一即电邀祖父、何嗣焜等到南京商谈，祖父与汤寿潜、沈曾植、郑孝胥等经反复研究和交换意见，花了将近半个月的时间撰写了《变法平议》，全面表达了他的政治主张。

　　《变法评议》主要体现了"法久必弊，弊则变亦变，不变亦变。不变而变亡其精，变而变者去其腐"的指导思想。内容涉及吏、户、礼、兵、刑、工六大部类 42 项，是推进上下全面改革的系统计划。

　　章开沅教授谈道："根据既往变法失败的教训，作者（张謇）特别强调'欲速则不达'的道理，主张宁可持重缓慢一些，千万不可再蹈'躁进'覆辙。"同时认为，祖父"把变法的具体内容区分为三大端：一是'必先更新而后旧可涤者'；二是'必先除旧而后新可行者'；三是'新旧相参为用者'。……第一种是先立后破，第二种是先破后立，第三种是新旧融合。张謇最重视的还是第三种，主张'上破满汉之界，下释新旧之争'，并把这种折衷调和路线看作'变法之命脉'"。

　　《变法平议》按六部结构，分轻重缓急 42 条逐条分步陈述。例如："吏部"第一步为"置议政院"；第二步为"停捐纳、裁减重叠牵制之官、优官吏俸禄"；第三步为"改总理衙门为外部，长官任辟僚属、胥吏必用士人，设府县议会"。又如"礼部"第一步为"各府州县普兴学校、分省设译局、设局编中小学教材"，第二步为"酌变科法"，第三步为"裁减官府仪卫"，等等。

　　经过庚子之变，祖父提出《变法平议》，实际象征着国家仍在追求一种进步。但《变法平议》并未被朝廷所接受，与祖父关系较密切的东南督抚也未采纳。刘坤一邀祖父面谈，也只谈及有关官吏的职责、学堂的设立以及革新盐法少数问题。祖父明白，"新政殆无大指望，欲合数同志从学堂人手，以海滨为基础，我侪所能为者止于此"。祖父虽然十分失望，但并未影响他该做的事坚决地做下去的信念。

滩涂开发

光绪二十七年（1901 年），20 世纪的第一年，祖父看到大生纱厂基本稳定，取得较好的经济效益，非常兴奋，决定把事业进一步从工业扩展到农业，向我国史无前例的大农业进军，向黄海海滨莽莽荒滩发起挑战，实现他另一个梦想。

早在光绪二十一年（1895 年），祖父为办团练，曾到过黄海沿岸，广阔而尚未开发的荒滩给他留下了深刻的印象，他感到这是一片宝贵的土地资源，就积极地向时任两江总督的张之洞提出有关开发滩涂发展大农业的建议和设想，张之洞十分赞同。祖父认为，中国是世界上最大的农业国之一，必须以农业为本，大力发展农业、改造传统农业是当务之急。他说："立国之本不在兵也，立国之本不在商也，在乎工与农，而农尤为要。"光绪二十三年（1897 年），他向朝廷上呈《请兴农会奏》时，再次建议成立垦牧公司来开垦黄海海滨沿江的荒滩。光绪二十四年（1898 年）春，他又先后为两江总督刘坤一（张之洞已调离）、翁同龢尚书起草《开垦海门荒滩奏略》和《农工商标本急策》，再度建议"召佃开垦，成集公司，用机器垦种"，开发荒滩。

祖父强调发展大农业，开荒种植，是他实施"父教育、母实业"总体战略的重要一环，期望以此壮大民族工业，抵制帝国主义的经济侵略。他指出："实业在农工商，在大农大工大商"，农工商相互支持，相互促进，共同发展，经济才能有更大的发展，"中国但能农工商并举，何至有忧贫之事哉。此则养民之大经，养民之妙术，不仅为御侮计，御侮自在其中矣（注：我国著名的史学家吴承明曾说："实业"一词为祖父所创，涵盖了工、农、商和交通运输、基础事业等，词简意明地表明经济发展中有关因素相互协调、平衡、促进的辩证关系）。

另外，祖父建议开发滩涂、大面积种植棉花既是从当地的实际情况和优势考虑，也是为了给他所创办的大生纱厂以及全国纺织工业建立原料基地，他在通海垦牧公司第一次董事会上说："因念纱厂工商之事也，不兼事农，本末不备，辄毅然担任期辟此地，广植棉产，以厚纱厂自助之力。"

祖父面对黄海"一片荒滩，弥亘极望，仰惟苍天白云，俯有海潮往来"，虽举步维艰，但信心百倍，依靠同仁，依靠乡农，共同奋斗。他是我国农业近代化最早的倡导者，也是淮南盐垦最早的发起人、组织者和实践者。

祖父认为我国传统封建制度下的小农业生产远不能适应新的形势，必须大胆借鉴西方有益的经验，走大农业的发展道路，要用资本主义的组织和管理方法经营农业，学习西方先进的农业科学技术，推行集约化经营。他设计和创建了中国第一个以资本主义方式经营与管理的农业企业"通海垦牧股份有限公司"。正如他所说："今即通海中之一隅，仿泰西（指西方）公司集资堤之，俾垦与牧。公司者，庄子所谓积卑而为高，合小而为大，合并而为公之道也。西人凡公司之业，虽邻敌战争不能夺。甚愿天下凡有大业者，皆以公司为之。"

祖父首先派陆军学堂的毕业生江导岷、章亮元、洪杰等到荒滩丈地测量，完成图绘，并制定了公司集股章程和招佃章程（修改了七次），光绪二十七年（1901 年）五月，通海垦牧股份有限公司正式宣告成立。公司宗旨十分明确："务使旷土生财，齐民扩业"；"为国家增岁入之资，收本富之利"；"务使公司获最优之利，庶他州县易于兴起"。

公司开发的垦区，地跨通州、海门，北自吕四丁荡，南至小安沙川流港，总面积达 123279 亩，开发总投资 40 万两规银。垦区按规划界限，参照荷兰治水造田的经验，根据自然地形，筑堤成圩，围成各自独立的八个区堤。

公司原始资本主要来自招股集资，股本原定以规银 22 万两为准，每股规银 100 两，共 2200 股，后加上新招 8 万两和办事人员

红股约 460 股，通州师范学校（祖父创办的我国第一所师范学校）
450 股，约 4000 股，40 万两规银。此外，招人佃农，每亩收顶首
6 元，顶首是将初步围起来的土地顶给佃农收取的押金。佃农交纳
顶首后，可取得土地使用权 7—10 年，另可获得一定的补贴迁移
费。佃农承种公司田地，必须先行做好盖草、铺生泥等有利于土
壤改良的工作；同时开沟，搞好小型农田水利基本建设，使新垦
土地逐步熟化，种植适宜作物（以棉花为主）。这些劳动量和取得
的成果折合为佃农的劳动投资，据统计达 16.2 万元。

公司的基本资金初步落实后，祖父狠抓垦区全面的水利工程
和农田基本建设。如筑堤，包括外堤、里堤、格堤；开渠沟、支
河、干河、分界河，通人外港海域；建海港、河港，港上均建有
涵闸；设桥梁，桥桥相连；每一区堤阡陌纵横，沟河成网，同时
沟、河、港、堤、田、林、路一气呵成。这种规划布局不仅适合
江苏省沿海地区年降水量 1000—1200 毫米的排水要求，有利于蓄
淡洗盐、改良土壤，也为农业机械化创造了条件，按 20—25 亩的
面积划分范围，手扶拖拉机可顺利操作，即使 50 马力的轮式拖拉
机也可畅通无阻。

在黄海海滨垦荒造田之初，最紧要的是建成沿海的长堤。公
司首先招工两三千人，连日带夜地赶建大堤，一个多月即完成。
但到第二年，遇到几次大风潮，大堤遭到较大的损坏，在最紧急
的时候，在天昏地暗的黑夜里，祖父领着江导岷等冒着风雨，督
促农工加固加高海堤。祖父激励大家："我们要拿所有的血汗来和
大风潮奋抗。"实际上大家身上已分不出是汗是水还是血了。以
后，祖父和同仁们谈道："我无论在哪里，夜间一听到大风声，就
会想到海堤是否太平，常睡也睡不实。"至今尚屹立在启东龙王庙
黄海边的海上长城——挡浪墙的遗址正是历史的见证。

开垦荒滩从事盐垦事业是一项史无前例的浩大工程，祖父思
想开放，举措慎重，坚持以科学的态度认真对待。他收集和反复
阅读我国有关水利方面的书籍，如明代潘季驯《河防一览》、清初
靳辅《治河方略》、清道光年间冯道立《淮扬水利图说》等。同时
大量吸收外国的经验，引进世界各国的专家和技术人才。他先后

聘请了荷兰工程师特来克父子、贝龙猛，瑞典工程师霍南尔、海德生，以及英、美等国的水利专家共同研究，规划设计，认真施工，确保长江下游沿岸的水利工程和黄海海滨垦区的农田水利基本建设布局合理，设施先进。祖父以通海垦牧公司为起点，逐渐向通州、如东、盐城、大丰等地沿海滩涂延伸，1901 年至 1925年，大生系 17 家盐垦公司就开挖河渠 1737.9 千米，修筑堤圩585.8 千米，建造涵闸 92 座、桥梁 701 座。如大丰公司，全境内外圩堤长 321 千米，涵闸 35 座，桥梁 690 座，公路 450 千米，小路 860 千米，大河 160 千米（可通汽轮），小河 1100 千米，绿树成排，河渠纵横。荷兰工程师特来克设计建造的遥望港九孔钢筋混凝土大闸十分壮观且效能良好。公司在抓基础工程的同时，又注重科学耕种，改良土壤，从美国引进优良棉花品种。祖父在垦区开办农学堂，建试验场，培训技术人才，以推广各项先进耕作技术。垦区多年坚持开发、生产，达到了预期的目的，取得十分显著的效果，使"昔日荒滩，今日棉仓"。

"垦无捷利"。祖父曾感慨地谈道："各堤未筑之前，公司之地，作何现状乎？立乎邻堤而东南望……浪花飞洒，薄入邻堤，故缺啮不齐，农人间连柴牛抵捍。近邻堤内之地，黄芽白苇，半未垦熟。……驾小车周视海滨，则凫雁成群，飞鸣于侧，獐兔纵横，决起于前，终日不见一人；夏夜则见照蟛蜞之火，繁若星点而已。"苍天不负有心人，祖父依靠全体职工，依靠成千上万的佃农，"自筑堤至能种棉、豆、粟、麦之日，中隔批卖、招佃、辟渠、通沟、潴淡、种青，寸寸而度"，经过一二十年的艰苦奋斗，终于改变了垦区最初荒凉萧条的景象，在黄海边开创了一片新天地："各堤之内，栖人有屋，待客有堂，储物有仓，种蔬有圃，佃有庐舍，商有廛市，行有涂梁，若成一小世界矣。"

祖父的愿望和公司的宗旨得到较好的实现，变荒滩为农业基地，农业大发展，为当地的农民创造了就业机会，改善了生活，祖父说："公司之意，欲来佃者共享永远公平利益，且冀各佃普受教育，开通知识，发达农业。"他办农学班，办农校，培养了大批农业人才，为继续发展盐垦事业储备了人才；提高农业生产技术，改进管理工作，棉花产量和质量不断提高，宣统二年（1910年）通产棉花首次获得了南洋劝业会农产品展销的优等奖牌。我国第一个垦牧公司起到了示范作用，大农业的新路和成功的经验，造就了一方，影响波及江苏沿海各地。随着时日的推移，通海垦牧公司1925年利润总额达841375两规银，为资本额的2.1倍，股东分得股息和红利总额124224两规银。

垦区在发展农业生产的同时，修筑道路、桥梁，设立邮政、电话，发展商业、运输，建设学校、文化设施，近代化的小城镇逐步出现了。祖父在股东会议上不胜感慨地说："借各股东资本之力，以成鄙人建设一新世界雏型之志，以雪中国地方不能自治之耻，虽牛马于社会而不辞也。"

历史上，黄海边长期存在的蓄草煎盐的落后生产方式也引起祖父的注意，这又和他关切盐法改革联系在一起。他在《全国盐法意见书》中指出：盐是国家专营专利的产品，官商勾结，"令场商以贱价收，令运商以贵价卖，因而重征商税以为利。……丁（煎盐的灶工）如不服，笞杖枷锁之刑立随其后，如或逃亡，则罚其子而役之，无子则役之孙。……其视人民生命，儿于牛马之不如"。祖父总说，煎盐的灶工生活在社会最下层。

光绪二十九年（1903年）祖父从日本考察回来，吸取日本制盐的经验，筹集资本，创办了同仁泰盐业公司，聘请日本技师结合日本和海州、浙东的制盐方法试验松江板晒法成功，生产率大大提高，产盐的整个环境和盐工劳动条件与以往相比有了天壤之别。祖父进一步将盐垦和盐法改革结合起来，并向淮南地区发展延伸。

通海垦牧公司宣统三年（1911年）起获利渐增，开始分红，在中国农业史上出现了第一个崭新的土地收益分配方式（土地所有者凭股票向公司支取利润），这是一个活生生的榜样，因而引起了社会有关人士的兴趣和关注，激起了淮南地区一些工商业者、地主、盐商以及官僚纷纷投资盐垦办公司的热潮。至1925年，南起吕四，北至陈家港，在长约350千米、宽约50千米、濒临黄海的12000平方千米的涂滩地上，建立了41家盐垦公司，属于祖父创办的大生系统的垦业公司有大有晋、大豫、大赉、大丰等17家，据1924年统计，投入资本总额2119万元，占有土地455万亩，已垦面积70万亩，棉花年产约70万担。

黄海海滨荒滩垦业的发展也得益于有关法律、法规的保护和促进。祖父任农商总长主持农林工商事务期间，制定颁布了有关工商矿农林渔牧业等法律法规20余种，如《国有荒地承垦条例》、《奖励植棉条例》，对鼓励"个人"和"法人（公司）"兴垦植棉起到了良好的推动和保证作用。

2003年10月初，我回家乡海门市常乐镇，镇长顾月琴同志和我到邻近通州市黄海边的海晏镇，海晏镇书记张剑冰对我说：海晏镇是产棉大镇、产棉基地，至今，张謇创建的垦区的格局、水利工程、农田基础工程等仍在发挥良好的作用。姚谦同志在所著《对淮南盐垦事业的调查与认识》中讲道："昔日荒滩草地，今日白色棉仓。"当年佃农老人和他们的家属对他说："那时，人越来越多，若不是张四先生（张謇行四）组织大家来开荒地，扩大种植面积，真要弄到没饭吃的地步。"这又让我想起，1982年我到大丰县，县里的同志告诉我，垦区的经济和人民生活比农区好得多。过去新四军打游击，战士到垦区住得好，有被盖，吃得饱，到一般农区少吃少喝，连盖的棉被都缺少。这使我们很自然地想到祖父说过的话："我自创办大生纱厂之后，常到上海，我开始知道，上海拉洋车及推小车的人，百分之九十是海门或崇明人。我曾调查他们的生活，都很困苦。他们所以到上海谋生的原因，即是无田可种，迫而出此也。我亦留心其他劳动苦力，又发现盐城、阜宁、淮安等县的乡民，多半在上海充当轮船码头装卸货物之杠棒苦力。……我已决定发一个愿心，在通州、如皋、东台、盐城、阜宁五县境内，开辟。垦荒棉田一百万或二百万亩……每户农民领田二十亩，可供给十万或二十万户之耕种。以每户五口计，可使五十万或一百厅人之生活。"垦区植棉废灶的事业不仅为黄海边几百万人提供了生计，也使成千上万的盐民从沉重的税赋和极端恶劣的劳动环境中解脱出来。

祖父的讲话和他的实践，说明他着力干大农业的发展，是为国家计，为民族计，其根本的出发点是为民生计，他心中始终有一个"农民的土地、就业、生存问题足中国社会的根本问题"（祖父的原话）的信念。

盐垦事业从通海地区开始，进一步如大浪潮一样推向淮南地区，大潮的主力军是二十万海门移民。淮南荒滩上原来生活的只有少数以煎盐为生的灶民，不会棉花栽培技术，即使一般农田耕种操作也很生疏。而劳动力是关系着开垦事业全面展开的主要因素，因此"公司"公开对外招收佃农，重点鼓励经过通海垦荒植棉锻炼和精于农田耕作的通、海农民移民淮南垦区。祖父安排有关公司在海门县和常乐镇设招待所，凡愿去淮南垦区的农民，可免费坐船前往，生活实在困难的，佃种可不要顶首（押金）。

江苏海门临江濒海，邻近上海，历史——沿海海岸屡次发生海岸坍塌以及海水复涨的巨大变动，海门人富有与自然搏斗、在大风大浪中经受锻炼的坚强性格，具有顽强乐观的精神气质。明嘉靖《海门县志》记载，海门人"习朴实而负气，性醇直而不阿"。章开沅教授曾著文述及："海门虽然与通州互相连接，但当地居民讲活和崇明一样，却属于吴语系统。很多本来就是从地少人多的江南迁来，现在又移人垦区向大海索取土地，表现出不畏艰险与勇于开拓的精神。"海门人本来就是在狂风暴雨、大风大浪中成长起来的，同时具有较熟练的种田、植棉技术。淮南盐垦公司纷纷建立，土地辽阔的淮南给他们带来更多的生计，因而大量的海门人应招，移民到淮南地区（包括如东、东台、大丰、射阳、阜宁等地）。

日本教授西泽治彦先生多年来对海门移民作过细致的研究，并到盐城大丰县垦区深入调查，他在报告中谈道：海门人的特点之一是十分团结，海门人原本就有互认干亲的习惯，移居到当地后，此习俗更甚，互爱互助，有难同当，有福共享。与当地人虽然生活习俗、观念有差异，但海门人性格耿直、正义、乐于助人，尽力帮助当地人掌握植棉技术，改善生活，总体上相处得很好，互帮互敬，共同开发，创造新天地新生活。

淮南垦区在开垦之初，为使荒地成为熟地，需要蓄淡、种青，抵制各种自然灾害，周期长。佃农佃种土地，要付顶首，负担重。因此海门移民刚进入垦区时，生活是十分艰苦和贫困的。但他们依靠坚韧不拔的精神和勤奋不息的劳作，经年累月，克服了种种困难，精耕细作，终于有了收获，生活逐渐好转，为垦区带来了希望。

海门人有一个十分良好的传统，重视教育。家庭条件再差，生活再苦，也要设法让孩子上学念书。有关资料记载："海门人较本地（盐城、阜宁等地区）人先进，文化水平较高，十之七八识字，较聪敏，接受性、斗争性、合群性很强。其生产本领亦较巧妙，在农忙之余，男人做生意，女人勤织布，生活和睦。"祖父是出生于海门的状元，他历来主张和力行"实业教育，期以相辅，教育必求普及，普及必求小学"。尤重视农民的教育，建立垦牧公司和盐垦公司时，他就提出"垦植所至，教育所至"。《盐城历史资料》载明：大丰垦区"文化发达，小学林立，学龄儿童即进小学读书"。1937 年大丰垦区义务教育实验区即开始实施义务教育（小学六年）。属于大生系统的 17 家公司共有学校 56 所，其中小学 54 所、中学 2 所。这些学校满足了移民的需求，客观上也带动了当地求知识、好学习的潮流，对提高人民的素质和推进社会文明起到了良好的、难以估量的作用。日本西泽治彦教授也谈道：海门人重视教育使得当地的整体教育水准得到了提高。

被我国历史学家喻为"中国农业近代化发展的一座丰碑"的淮南盐垦事业，海门移民作出的贡献是巨大的。是占淮南垦区全体人员百分之八十的海门移民和本地农民一起，创造了将约 150 万亩荒滩变为良田的奇迹，使沿黄海七百里荒滩成为我国著名的产棉区，棉花产量占全国八分之一。海门人的血汗永远和淮南人民以及淮南的土地融合在一起，历史将永远记载海门人光辉的精神和功绩。

东游日本

　　祖父办实业、办教育，推行地方自治，取得一定的成效后，总想走出国门去实地了解先进国家的有关情况。

　　光绪二十九年（1903 年），日本将举办第五次国内劝业博览会，日本驻宁领事天野君请徐乃昌转送一份请帖给祖父，邀请他参观日本劝业博览会。祖父十分高兴地接受了日方的邀请。

　　四月二十七日晨七时，祖父与章静轩等同行四人乘日本邮船会社"博爱丸"从上海出发，二十八日晚七时踏上日本国土长崎，此后经过马关、神户、大阪、西京、名古屋、东京、横滨、青森、函馆、室兰、札幌等约 20 多个大小城市，一共参观了 35 处教育机构和 30 个农工商单位。到六月初四日回国，共进行了为期 70 天的考察。

　　日方接待者嘉纳治五郎询问祖父"东来调查宗旨"，祖父回答说："学校形式不请观大者，请观小者。教科书不请观新者，请观旧者。学风不请询都城者，请询市町村者。经验不请询已完全时者，请询未完全时者。经济不请询政府及地方官优给补助者，请询地方人民拮据自立者。"祖父一贯讲究实际、实效，实事求是，认为学习、借鉴要符合中国的实际情况和实际水平，因此想多了解日本民间的、基层的、有一定困难需要解决的情况。

　　祖父和同行者参观了钢铁、纺织、造纸、玻璃、印刷、电力等行业，实业和教育是祖父关注的重点，参观考察的单位多，花的时间也较长。工业方面，参观了花多隆太郎铁工所、织物株式会社、北海道制麻株式会社、水力发电厂、筑地活版制造所等。金融方面，参观了大阪三十四银行和日本造币局。教育方面，参观了大阪小学校、私立鹤鸣女子学校、爱珠幼儿园、桃山女子师范学校、中之岛高等工业学校、医学校、京都染织学校、名古屋商业学校、东京高等工业学校、东京高等师范学校等。农业方面，参观了札幌垦殖场、前田牧牛场、真驹内种育场、北海农校农事试验场等。还参观了西京的盲哑慈善机构和《大阪朝日新闻》社、北海道泰晤士新闻社等新闻机构。商业贸易方面，八次进大阪博览会场，参观了机械馆、工业馆、水产馆、动物馆、通运馆、水族馆、参考馆等。祖父在展览馆内看到我国六省参展的展品，多为汉瓦当、唐经幢等古物，并且各省展品互不协调，深有感触地说：劝业博览会的展品是象征着时代潮流，具有启迪未来、"开来"的产品，而我们的展品却正相反，多数为彰显过去的文物类的展品，似乎是来自中国的"博物馆"。他看到日本各府县郡的展品准备充分，精益求精，感慨地说：就我的家乡而言，通州、海门的墨核鸡脚之棉，吕四真梁之盐，都足以和五洲名产争衡，但都未送来参展，令人惋惜。

祖父考察的日程十分紧凑，坚持每看必问，每问必记，每记必思，进行比较和分析。

当踏上此行第一站长崎后，立即去访问私立鹤鸣女子学校，详细地了解学校教学、校舍、教师、学生、经费等情况，深感教学思想和办学方略清晰明确，规划全面，实施认真而精细。他有所领悟："日人治国若治圃，又若点缀盆供，寸石点苔，皆有布置。老子言：'治大国若烹小鲜'，日人知烹小鲜之精意矣。"

祖父到达行程的最后一个城市北海道札幌市，北海道 20 年开垦事业的业绩和札幌市的建设成绩使他惊羡不已，他在日记上赞叹道："札幌街衢，广率七八丈，纵横相当。官廨学校，宏敞整洁；工厂林立，廛市齐一。相见开拓人二十年之心力。"看到日本政府的励精图治、艰苦奋斗，再想到中国政府的腐败无能、歌舞升平，祖父内心很悲痛，写了一首题为《一人》的诗：

一人有一心，一家有一主。
东家暴富贵，西家旧门户。
东家负债广田园，西家倾家永歌舞。

> 一家嘻嘻一嘻嘻，一龙而鱼一鼠虎。
>
> 空中但见白日俄，海水掀天作风雨。

祖父跨海到达札幌市的第二天，就约见了山东日照农民许士泰，许士泰于光绪元年（1875 年）应日本开拓使黑田清隆招募来北海道开荒种田。从谈话中，祖父了解到，许士泰到北海道后，艰辛耕作，励精农事，应招同来的共十人，唯有许士泰十年如一日地坚持下来，因其开垦取得卓越的成绩，北海道长官奏达天皇，任其为兴农产会会长、总裁，赏银杯及白桃绶名誉章以表彰他的功绩。许士泰忠厚朴实，不善言语，操日语而带山东音，祖父向他请教、了解了许多有关开垦种植的问题，收获很大，许士泰发愤图强的精神更深深地感动了祖父。祖父说："凡能平地赤立而发名成业者，真人才也。"1992 年，我在中国国际信托投资公司工作时，去日本开展有关商务活动，利用拜访札幌市商工会议所的机会，抽出时间在北海道札幌市寻找祖父当年的足迹，经藤岗喜久男教授介绍，北海道大学（前身是农业学校）领导从图书馆拿出当年祖父为推荐安徽两位学生到该校学习，写给佐藤昌介校长的亲笔函给我看，他们视为一份十分贵重的文献一直珍藏着。又带引我走进当年祖父访问学校时宾主会面交谈的地方。札幌市有关领导对我说："中国开放已多年了，到日本来谈生意的人很多，但至今到北海道札幌的人却很少，因为这儿路途远，天气寒冷。九十年前，交通十分不便，北海道更是冰天雪地，荒芜一片，张老先生为了事业与学习，为了中日友谊，长途跋涉，顶风破浪，来到这里，太使我们的人民感动了，我们非常敬重他。"

祖父是以民间个人的身份、自己承担费用去日本考察的，这样随意方便，可以避免一些官方不必要的迎来送往和其他官样文章，有利于节省时间；同时可以根据他多年创业中需要了解的一些问题，自由地、有选择地参观有关项目和单位，探索新知识、新经验，收效亦大。但另一方面，住、食、行等方面的安排，主要依靠日本友人，条件肯定要差一些，祖父思想上已做好克服困难的准备。如闰五月初七，祖父等自横滨转上野，乘二等汽车去青森，一天一夜的路程，祖父日记中写道："夜甚凉……沿途买饼饵充腹。……过仙台，并鸡卵亦无购处。"八日八时至青森。24小时的奔波，祖父却毫无倦意，午后继续冒雨乘"肥后丸"轮过津轻海峡抵函馆，转船驶向北海道札幌，为他在国内黄海海滨发展农垦事业了解情况，找寻经验。又如闰五月二十五日，祖父为实地观察日本凿井现场，先乘汽车，转乘铁道马车，再步行十四里（日记载："崎岖特甚"），终于到达目的地，了解了实际情况，作了详细的记录，非常高兴。

祖父访日取得预期的成果，章开沅教授在《张謇传》中写道："张謇访日之行收获很大，对此后的思想认识和政治态度都有深刻影响。"祖父在参观学校、工厂、农田、盐业调查所、博览会各专业馆等过程中看到了许多新的事物、新的做法，十分赞叹，进而思索一国政府所起的作用。祖父将访日的心得概括为："就所知者评其次第，则教育第一，工第二，兵第三，农第四，商最下，此皆合政、学、业程度言之。政者君相之事，学者士大夫之事，业者农工商之事。政虚而业实，政因而业果，学兼虚实为用，而通因果为权。"通过考察，日本给予祖父的整体印象是人民勤奋图强，政府励精图治，有章有法，有规有矩，究其源，这与立宪和法治是分不开的。祖父回国后，花了很大精力积极投入立宪运动，我父亲张孝若曾谈起，祖父自日本回来后，"见到官员友人，遇到谈论通信，没有不劝解磋摩各种立宪问题"。

祖父对待任何事物，都抱取一分为二的态度。他在考察中，既看到了日本的长处，也没有忽略存在的缺点和不足。他住在东京清净轩时，就发现"旅馆门外临江户城濠，濠水不流，色黑而臭，为一都流恶之所，甚不宜于卫生"，十分感叹地说："此为文明之累！"从上野到青森，"途中所见农业，颇有不良者，桑率荆种……叶亦小而薄。麦则穗短而色黯，在田者犹多。询之给仕（服务员）云：七月半后乃可刈尽，此时亟于莳稻无暇也。此已不及中国矣"。祖父见日本制盐质量也不理想，"宫城之盐，其第一等与余东同"，"不逮吕四也"。祖父在东京，经过多方调查，发现曾在中国推销凿井图纸，并打算为大生纱厂凿井的日商森村是个骗子，且牵涉到日本驻沪领事。祖父在日记中写道："嗟乎！日人谋教育三十年，春间教科书狱发，牵连校长、教谕等近百人。今察其工商业中私德之腐溃又如此，以是见教育真实普及之难。"祖父始终抱取既要学习新事物，又绝不迷信外国的态度。

祖父即使在访问考察中，也摆脱不了对祖国忧患的情结。他四月三十日晨至马关春帆楼，即清政府甲午战争失败，李鸿章签订《马关条约》之地。当年，祖父得知辱国丧权的《马关条约》已经签订，悲愤万分，晚上在日记上写下和约十款的主要内容，并注明："几罄中国之膏血，国体之得失无论矣。"此次经过，祖父触景生悲，决定不登岸，日记中记载："晨抵马关，所谓赤间关也，有古庙，为合肥（李鸿章）媾和地。……不愿经此辱地损人神智，遂不登岸。"但后来留下了一首诗：

> 是谁巫续贵和篇，遗恨长留乙未年。
> 第一游人须记取，春帆楼上马关前。

五月初十祖父到东京造币局参观，主人请祖父题名，祖父翻看前页，有军机大臣庆亲王奕劻的儿子载振的题名，但"载"字写错了，主要陪同人员尚书衔户部右侍郎那桐，把尚书衔的"书"字写丢了。祖父参观大阪城内水源局，翻开来宾录时，同样如此，载振又写错了自己的名字，那桐还是未写全自己的官衔。另尚注明随员22人，"队伍"庞大。就在祖父东行第四天五月初一到达神户时，正好碰到载振、那桐将回国，西京四位盛装艳服的歌伎送二人至神户，神户华商设盛宴款待，载振、那桐在名古屋、西京购买美术品、珍饰品，接待的华商说载振行程匆匆，也无暇顾及商务。

五月十二日，祖父再次去博览会参观，在通运馆看到台湾的模型，令他十分惊异的是："乃并我福建诸海口绘入，其志以黄色，亦与台湾同。"此事曾引起东京中国留学生愤怒抗议，但载振毫无反应。祖父在日记中写道："振贝子、那侍郎或未之见耶？"

祖父在日记中虽有相关情况的记述，但并未多加评说，清廷的腐败已是不争的事实，派出这样的贵族大臣出国考察也非怪事。给予祖父的也许是更大的激励，更促使他振奋精神、脚踏实地，继续实现他实业救国、教育救国的抱负。

祖父在东京时，看到日本靖国神社供奉着甲午战争中日本阵亡的将士，有所触动。回国后，他在通州为明代抗倭（日本流寇）英雄曹顶修建祠墓并塑像，在传为埋葬倭寇的土坟上加建了京观亭，以纪念爱国先烈。日后，到此游览的日本人提出意见，希望平掉。祖父严正地回答他们："贵国拿甲午年战胜中国得到的战利品，陈列在东京的靖国神社，是激励贵国人的爱国心，我们修这个坟和塑立这个像，是激励我中国人的爱国心，也是不错的。"断然加以拒绝。

南自长崎，北至北海道，祖父在日本70天的考察奔波，扩大了视野，累积了知识，基本达到了他希望接触了解外面世界的愿望。祖父乘船回国时，携带的是农具、书籍、图纸以及给幼儿园小朋友买的玩具和图书。与此形成鲜明对照的是，皇亲国戚载振、那桐回国时装上船的却是十几个沉重的珠宝箱。

祖父还为通州的幼稚园聘请了经过专门训练的日本教养员，为通州师范学校聘请了木造高俊、吉泽嘉寿之丞、照井喜三郎、泰田政子等十余位日本教师。

他回国后，撰写了将近三万字的《东游日记》，字字体现着他的心血。

日本人怎样看待祖父的日本之行？《大阪朝日新闻》作了多次报道，五月初五首次报道介绍了祖父和他的行程以及访日考察的重点，高度赞扬祖父认真务实的精神："张氏字季直，江苏通州人士，取得中国读书人桂冠荣誉，头衔乃状元及第之学位。翰林院修撰之职为翰林编位中佼佼者。……张謇不羡慕虚荣而致力于故乡通州创设纺织公司。……其所著述《变法平议》一文，提出改革变法的卓越见解。……望在大阪除参观博览会之外，同时也去视察各种学校和各种工厂，继而赴东京前往北海道游览和考察垦牧情况。张氏之行，与以视察为名而一般泛泛走马观花者大相迥异，此乃知识精英兼实行之勇士观光者也。"《朝日新闻》社在祖父访问九州等地期间，派出精通中文的记者小池信美、西村时彦等人作为翻译和联络员随行服务和采访。

祖父在日本的旧友新朋对他的访问发表了谈话，与祖父接触过或对祖父有所了解的日本社会名流也有评说，比较友好和客观，表达了希望加强中日友好交流的愿望。

《张謇氏之视察》消息中报道了祖父拜访小山健三氏的情况："访谈内容主要为有关我国（日本）教育之沿革，尤其要求详尽说明二十年前的（教育）程度及有关小银行组织制度等。"日本学者大西加奈子进一步解析："为什么张謇先生特别要求小山健三氏谈二十年前的教育程度呢？事出有因，因为张氏此次考察的目的，是为了切切实实地发展南通地区的教育事业，他就不能不考虑当时的情况是，通州的教育事业刚刚起步（当时的实际情况是，张謇提出了'废科举，兴学堂'的主张，不为朝廷当权者采纳。1901年，张謇毅然决定冲破封建科举制度，依靠自身的力量创办了中国第一个师范学校、小学校等），且其时通州的实力与条件尚不能与日本当时的先进程度相比，只有适合南通条件的、急需和能办到的才能有效地引进。"

还有以下的报道："昨日前往女子师范学校及其附属小学和幼稚园参观视察。其重点除教学管理外，对其建筑物、课业内容无不详细入微地考察，并仔细测量教室内椅子之大小尺寸。……并表示返国后将创办师范学校附属幼稚园。为此张氏希望能招聘日本师资去中国，除提供私邸为宿外，还将予以优惠。"

"张氏前日上午抵大阪府立农校与该校校长井原百介氏会晤，因该校学生实习之方法等堪为张氏日前在通州实施开垦事业之主要参考。""继而安排与学生们共进午餐，实际了解学生之餐饮内容。"

祖父访问札幌农学校，详尽地了解了教学等情况，并和佐滕昌介校长作了长时间的交谈，佐滕昌介校长印象深刻，对祖父的人品非常钦佩，称他是当代少有的人才。

祖父访问回国后，继续推进实业、教育、地方自治事业，数年间有很大的发展，进一步引起日本政府和社会人士的注意和重视。上冢司先生、驹井德三先生接受日本外务省和农商省的委托以专家的身份，鹤见佑辅先生以旅行者的身份，在 1918 年至 1922 年间分别到南通对祖父创办的事业作了多次的考察。驹井德三先生第二次在南通进行了两个半月的考察，在《南通张氏事业调查书》中写道："今者于中华国家，不问朝野，为开发中华抱一志愿而始终不改者，殆无一人，唯公独居南通之地，拥江北之区域，献身于实业之振兴，尽心于教育之改革，卓举效果，此世人之所以称伟也。"鹤见佑辅先生曾五次到中国，他观察南通地区后认为："浑沌的现代中国的救药，必须从教育、自治和经济开发等三方面出发，这是再明白不过的了。……张謇先生这些事业，遍布四百余州的广袤的中国土地上，这应该说是一种卓越的、引人注目的见识。"鹤见佑辅先生谈到他初次与祖父见面的印象："首先映入眼帘的，是晒得黝黑的脸、俊秀的鼻子、紧闭的嘴和瘦削的稍高的颧骨，下巴大，显现出一种坚强的意志。谈话的时候，最能吸引自己注意的是先生的眼睛。……自己在中国见到的所有人当中，没有哪一位能比得上张謇先生所具有的那种'威力'。"与祖父谈话后，鹤见佑辅先生称赞道："一个个意见都很彻底、很具体。特别是在自己所会见的许多中国人中，只有张謇一人利用数字来立说。……他回答自己的提问是经过深思熟虑的，而且将自己确信的事言简意赅地说出来。"

20 世纪初，在日本军国主义十分猖狂的时期，祖父没有后退，毅然去日本访问，在日本本土与日本农民、工人、资本家、教师、学生、社会人士、官员等进行了广泛的接触和交流，呈现了中华民族的尊严、博大的胸怀，既警诫好武者，也激励友好者，对加强中日两国和两国人民的友好关系起到了一定的作用。

保卫海权

　　中华人民共和国的版图上有 18400 千米海岸线，在其中心点，有一系列的小岛"嵊泗列岛"，就是这令国人既陌生又熟悉的碧海中的列岛，祖父与之结下了一段难解之缘。

　　光绪二十九年（1903 年），祖父到日本考察 70 天后，深感我国渔业发展和航政建设的重要。他明确提出：渔业和航政的范围到哪里，国家的领海主权就到哪里。假如只有海，而没有渔业航政，试问领海主权从何表现出来？我国政府和人民都应给予极大的关注，努力挽回已失的权利和大力发展沿海渔航业。我国海岸线虽然很长，但是向来听其自生自灭，人民没有力量去过问，政府也没有决心和有目标地去经营。祖父的思想是十分明确的，要坚定、科学地把渔业与航政结合在一起，坚决抵制帝国主义对我国海域与渔业的侵略，保护国家的主权和利益，改变当年我国渔业几乎一片空白的落后状态。

　　他身体力行，首先以海门吕四港为基地，创办了吕四渔业公司，作为开办新式渔业的尝试。把当地渔民组织起来，改进渔业生产方式，推进水产品市场经营，扩大渔业生产。祖父以商部头等顾问官的名义主动向两江总督魏光焘、上海道袁树勋递呈了《议创南洋渔业公司文》，在呈文中明确指出："各国以商市鱼肉中国风，其来已久，其胀益大。中国商业若不能随时早占一分地位，为逐步自卫之基，将来美国托辣斯猛剧之风更从太平洋排倒而来，中国民生更求何处立足。渔业一项，即据德商所拟创之规模……中国渔业，江北滨海一带渔户松散，苏松亦仅有渔团之虚名……若不趁外人未有销路之时，为全局之布置，自固藩篱，将来外人见销行获利，向我滨海渔户为之向导，广销内地，其患不止亏损公司，并且占我大众渔民之利。"但因国库空虚，财力薄弱，当局难以创建全国性的公司，祖父面对现实，精心策划，决定自力更生，再呈先办区域性渔业公司"江浙渔业公司"的奏文，得到商部的批示。祖父立刻行动，亲自拟定《江浙渔业公司简明章程》，初期资本约40万两，除由官方拨5万两外，由祖父领导公司集股款银40万两。后又增银至60万两，计6万股，每股银10两，便于两省各渔户入股，确保渔户与公司同享利益。

第二年九月初一公司开始试办，首先购进一艘德国渔轮，祖父取名为"福海"。光绪三十一年（1905年），中国历史上第一家民间投股集资、采用机器动力捕捞的海洋渔业公司宣告成立。

祖父在《江浙渔业公司简明章程》中对福海轮捕捞和作为保护官轮的职责作了明确的规定。明确渔轮捕捞的作业范围、销售范围以及进出关口有关事宜等。同时也明确了其作为保护官轮的有关职责和有关事宜：洋面上防盗护渔，保护渔船安全，救护被盗劫渔船，汇请南洋大臣给予奖励等。

江浙渔业股份有限公司始终坚持"外争主权，内保民利"的宗旨，明确规定渔轮与各地渔船互不相犯，决不侵占民船作业区域，必要时还要保护民船。

福海渔轮开始主要是在以嵊山、花鸟山岛为中心的海域进行捕捞。经过两年的经营和实践，捕捞及护渔护洋范围不断扩大，形成逐渐向外海拓展的趋势。不久，在祖父的主持下，修订了《章程》，对渔轮作业和护渔护洋的范围作了新的界定，新的范围南至闽海，北接渤海，海中包括陈钱山（今嵊山）、花鸟山、黄龙山、羊山（今小洋山）、马迹山（今泗礁山）、大衢山诸岛，形成了清光绪末期，以嵊山中心渔场为辐射中心的外围渔场。这一既互相衔接又互为补充的渔场范围一直延续到20世纪末21世纪初。

20世纪初，祖父创办江浙渔业股份有限公司，开发嵊泗列岛渔业，迈出了千百年来中国旧式渔业改革的第一步，也迈出了中国海洋渔业机械化的第一步。进而开发了大黄鱼、小黄鱼、墨鱼、带鱼四大传统经济鱼类资源，繁荣了我国重要渔业市场。与此同时，祖父力倡对民众进行海洋国土观念教育，他倡导公司和渔轮包括群众渔船都要升挂国旗，主持绘制我国渔场海图，明标中国渔界经纬线度，分发给广大渔民船工，使人人皆知中国自由海权渔界，共同奋起维护我领海主权和渔民利益。在嵊泗海岛渔村，祖父倡建渔民子弟小学，并在上海创建了水产学校、商船学校。光绪三十二年（1906年）意大利举办秘拉诺（米兰）博览会，祖父亲自主持筹划参展，他在年谱中记述："规划意大利秘拉诺赛会，以中国东南海渔界图往与会。渔界所至，海权所在也。……以海产品物、中国渔具渔史、腾我东南海渔界图而去，彰我古昔领海之权，本为我有之目的。"参展取得成功，伸张了我国领海主权，可以说第一次向世界展示了中国拥有神圣领海主权的形象。

教育立国

宣统二年（1910 年）十月，祖父在《江苏教育总会咨呈江督、苏抚、宁苏提学司请开办实业教员讲习所文》中述及："窃维环球大通，皆以经营国民生计为强国之根本，要其根本之根本在教育。……欲图自存，势已岌岌，舍注重实业教育外，更无急要之计划。""工苟不兴，国终无不贫之理，民永无不困之忧。苟欲兴工，必先兴学，教育者为万事之母。"两者之关系是："以实业辅助教育，以教育改良实业，实业所至即教育所至"，"以实业与教育迭相为用"。"父教育、母实业"是祖父"强国富民"的一把双刃剑，两者相辅相成，不可分割。因此在建立大生纱厂，有了一定的经济基础后，祖父立即集中精力投入教育的开发。

祖父是封建科举制度的受益者，经年累月地苦读四书五经，对他的成长和有所作为有很大推动作用，但另一方面，他也深深体会并认识到封建科举制度的反面作用。父亲在祖父传记中写道："我父对于科举，向来有一种很彻底的见解，认为历代皇帝，压百姓保帝位的惟一妙法，要叫百姓将所有的心思才力，都用到科举的功名上去，免掉思想轶出范围，言动离开轨道。惟一的目的，是要消灭人民的志气，压迫人民的活动，从小到老，从读书到做官，埋了头，捧了书，执了笔，只是为了赶考；先关在家里，再关到场里，拿一个人的活气灵气，都斫丧完了。要这样，才不会想别的心事去造反。所以从前中国人，除掉了读死书的本职以外，没有发扬志气，做实事的趋向。就是有人，用一点实用的学问功夫，也决不是科举制度的养成，实在是靠着个人的抱负，跳出了牢笼。所以要国家发展，人民解放，得到思想的创造，走上着实的道路，必定要推翻那科举的恶制度，还给读书人的自由。"祖父对封建科举制度本质的认识是十分透彻的，因而抱定坚决变革的勇气和决心，在封建王朝犹存时，公然提出"废科举，兴学堂"的主张。我父亲深有感触地说："说也奇怪，我父中了状元，倒反主张废科举办学堂，当时大家很觉得骇人听闻，我父反泰然处之。"

光绪二十一年（1895 年），祖父在为张之洞起草的《条陈立国自强疏》中，就提出"广开学堂"。他严肃地指出，"立国由于人才，人才出于立学"，"图存救亡，舍教育无由"。戊戌维新期间，他为翁同龢草拟《京师大学堂（北京大学前身）办法》。光绪二十七年（1901 年）祖父著《变法平议》，劝说两江总督刘坤一兴办新式学校，并代刘公拟订了兴学的次序和中小学的课程，但遭到刘坤一左右官员如藩司吴薰熹、巡道徐树钧、盐道胡延等的极力反对，"异议锋起"，说什么："中国他事不如人，何至读书亦向人求法，此张季直过信罗叔韫（振玉），叔韫过信东人（日本人）之过也。"刘坤一甚感为难，"叹息不已"，终未采纳。官方犹疑不决的态度使祖父十分失望，但他并未灰心和放弃，与罗振玉商量后，决定以自己的实际行动打开"办学堂"的新局面，他首先将办纱厂历年积蓄的薪金拿出来亲手创办通州师范学校。祖父在日记中写道："乃谋自立师范学校，计所储任办纱厂以来，不用之公费，五年本息环生可及二万元，加以劝集，或可成也。后之人知中国师范之自通州始，必不知自二道一司激成之也，故补记之。"祖父对待诋毁攻击他的人，不管如何热讽冷嘲，总是泰然处之，把阻力作为激励自己更加发愤图强的动力，誓言："家可毁，不可败师范。"

光绪二十八年（1902 年），祖父筹划和创建了我国第一所师范学校"通州师范学校"。

在通州师范学校开学典礼上，祖父发表演说，对创办通州师范学校的因由说得非常清楚："今日是通州师范学校落成，与诸君协兴普及国民教育造端之第一日。……愿以下走创立此校之宗旨，与诸君言之。中国今日国势衰弱极矣，国望亏损极矣。国者民之积，民之中各有一身在焉。国弱望亏，其害之究竟，直中于人人之一身。环顾五洲，彼所称强大文明之国，犹是人也。以我中国黄帝尧舜神明之胄，退化不振，猥处人下，至有以奴隶目我者，诸君以为可耻否乎？……欲雪其耻（国耻）而不讲求学问则无资，欲求学问而不求普及国民之教育则无与，欲教育普及国民而不求师则无导。故立学校须从小学始，尤须先从师范始。……各国师范学校皆国家建立。七八年来无可希冀，欲与二三同志图之而又无资，遂有从事实业之想。数年以来，竭蹶经营，薄有基础，益见实业教育二事，有至密至亲之关系。……下走生平及数年以来，所与二三同志磨砺而夹持者，以忠实不欺、坚苦自立为宗旨。今日建立此校，所愿为诸君相期者，亦唯此忠实不欺、坚苦自立二语，为诸君磨砺夹持之助。诸君诸君，须是将‘天下一家，中国一人’，‘民吾同胞，物吾与也’之道理，人人胸中各自理会；须是将先知觉后知，先觉觉后觉之责任，人人肩上各自担起。肯理会，肯担任，自然不惮烦琐，不逞意气，成己成物，一以贯之。孟子曰：‘人皆可以为尧舜’，愿诸君开拓胸襟，立定志愿，求人之长，成己之用，不妄自菲薄，自然不妄自尊大。忠实不欺，坚苦自立，成我通州之学风。庶几实业教育，扩而日新，佐下走不逮，岂惟下走之幸，亦诸君之荣也。”在帝国主义纷纷入侵，辱国丧权的不平等条约压得中国人民透不过气来的形势下，祖父极力呼吁，中国人民必须振奋起来，发愤图强，卧薪尝胆，开民智，做实事，一步一个脚印，提高全民的素质，中国才有前途，人民才有希望。他希望学生胸中要有世界、有祖国、有人民学习、做人要开拓进取，不骄不傲，言行一致，认真做到“忠实不欺，坚苦自立”，此八字即为通州师范学校百年以来的校训。

祖父选定通州城南门外已荒废的千佛寺作为校址，进行数月的修建平整，还制定了学校的各项章程规则，安排了课程，聘请了王国维、陈师曾等到校任教，并从日本聘请十多位老师。光绪二十九年（1903年）春季四月初一正式开学，中国第一个师范学校诞生了。在学校筹建过程中，祖父充分表现出务实的精神和对师生体贴入微的爱护。开学的前一天晚上，在烛光下，祖父和庶务宋先生，拿着锤子，将学生的名牌一一钉在宿舍的房门上，直至下半夜。又亲自检查厨房和厕所，他说："办学堂，要注意这二处的清洁；看学堂，先要看这二处是不是能清洁。"他还为学校礼堂、教员室、会议厅写了三副对联，会议厅的对联是：

> 强勉学问，强勉行道；
> 其所凭依，其所自为。

通州师范学校成立后的第二年，祖父又陆续办了学校公共植物园、土木科测绘班、农科、蚕桑科、农场、工科、测候所等，继续创办了通州女子师范学校。为了使师范学校的学生有实习和实践的场所，促使他们学用结合和保证教学质量，也为了使更多的儿童能上学，祖父又办了通州师范学校附属小学、通州女子师范学校附属小学等，祖父还鼓励品学兼优的毕业生勇敢挑起办学的责任，如委托通师第一届毕业生孙源（汉清）兴办跃龙桥小学，开一时风气之先。

1982 年，我从东北回到南通工作不久，费孝通老告诉我一段渊源："我父亲从日本回来，你祖父聘请他到通州师范学校教学，主授地理课。我就在这个时候出生了，我父亲得到你祖父的厚爱和信任，十分敬重你祖父的高尚品德，钦佩他为国为民不辞辛苦，创办了许多事业的精神，因而为我取名'孝通'，他的用意是不言而喻的。"

祖父兴办教育的另一重要宗旨是"开民智，明公理"。他曾举例谈到一件令大家深思的事件，光绪三十年（1904 年），日俄战争在我国东北爆发，眼见帝国主义势力侵入，国家主权丧失，但大多数国人无动于衷，可以说已到麻木不仁的境地，祖父深感悲痛，他谈道："国势艰危，比去年更甚。日俄之战，无论孰胜孰负，祸终萃于我国。盖战地在我，本无苟安于中立之理，即不能有完全其中立之势。而知此痛者以全国人比较，分数不过千万分之一二。处堂燕雀．姑以为安，岂非民智不开公理不明之故。开民智，明公理，舍教育何由？"他还指出："中国病不在怯弱，而在散暗（麻木不仁）。盖散力不聚而弱见，暗则识不足而怯见，识不足由于教育未广。"

祖父认定，中国要自强自立，必须从普及国民教育，开民智，明公理，提高民众觉悟和根本素质人手。

祖父的教育思想和实践有一完整的体系：纵向有学前教育（幼儿园）、初等教育、中等教育、高等教育等；横向有普通教育、职业教育、特种教育、社会教育等，纵横协调，全面发展。他对社会结构和层次有比较深入的了解和分析，这是他认为发展全民教育必须建立一个完整体系的基础。

中国人民解放军南京政治学院季云飞教授著文谈道："张謇的教育宗旨根本点在于谋求民族独立、国家富强、社会进步。这一宗旨与清政府科举教育的宗旨有着质的区别。在这一教育宗旨的指导下，通州一隅的社会、经济、文化发生了巨大的变化，成为'新新世界的雏型'。"

在祖父的心目中，教育事业犹如源远流长的江河，他说："私意谓国家无穷之希望，兆于学生，有一线之曙光矣。曷言之？师范启其塞，小学导其源，中学正其流，专门别其派，大学会其归。"他强调小学是源头，中学是其流，专门学校按专业分各流派，大学正如百流终归大海。那个年代，祖父已提出"全国人民所应同受之教育"，犹如现在国家强调和实行的义务教育。

光绪三十二年（1906年），祖父拟定了南通地区实施义务教育计划，将发展初等、高等小学的计划报送南通劝业所，从光绪二十九年（1903年）到1918年，南通全县公私立小学发展到278所，1922年发展到347所，在校小学生15526人。在垦区，祖父订出义务教育计划，每九平方里设一所小校，两校之距以三里为限。鉴于乡村交通不便，班多生少，他根据在日本考察后了解的经验，农村小学多采用单级小学和复合班的教学方法，效果显著，祖父又根据农村情况，大力发展农村成人教育来提高农民的素质，继而创办中等教育、高等教育，并全面推行职业教育、社会教育、特种教育等。刘厚生先生曾随祖父视察通海垦牧公司，他写道："远远地望去，好像围棋盘铺在此广场上。"小学就是棋盘上匀称的棋子。

　　祖父继续创办了通海附属中学，极力调动地方资源，如大力动员通州、如皋、泰兴、海门、静海等地方和私人力量办小学、中学。他又办了私立农业学校、医学专门学校、纺织专门学校，在此基础上，1920 年合并为南通大学。祖父强调："思想要有时代性，事业要应着世界潮流。"他通过各种资料了解英、法、美三国有关教育事业的情况，并作了比较深入的研究，吸取其精华，为我所用，决不生硬照搬。他说："如果专门模仿人家的方法是不对的，试看各国教育，各有其特殊情况，例如，英国教育很严肃，美国最活跃，他们的风俗，也是不同的，法国和美国比较奢侈些，英国最严整，试把三国的教育方法移到中国来，这好像拿他人的帽子戴在自己的头上。"

　　祖父要求学生全面提高素质，全面发展，结合我国实际，对学生提出：一要提高道德思想，人格高尚；二要注意身体健康，勤勉耐劳；三要努力学习科学知识、理论技术，注重实地练习。将"谋体育、德育、智育之本"的要求，写入了校章校规。

　　南通地方经济及各项事业的发展，迫切需要各种技术人才，祖父明确提出："有实业无教育，则业不昌"，"苟欲兴工，必先兴学"，又创办了不同类别的职业学校。光绪三十一年（1905 年）至 1922 年间，祖父首先为工人子弟创办了艺徒预教学校，后又创办了实业教育讲习所、镀镍传习所、吴淞水产学校、苏州铁路学校、初等商业学校、银行专修科、吴淞商船学校、巡警教练所、交通警察传习所、河海工程测绘养成所、蚕桑讲习所、女工传习所、发网传习所等，提高了职工的素质，也使待业的人具备了就业的条件。

　　祖父为推动地方自治、社会公益事业和特种教育，还创办了育婴堂、幼儿园、养老院、盲哑学校、残废院、栖良所等。1916 年 11 月 25 日，南通盲哑学校举行开学典礼，祖父亲任校长，主持开学典礼，发表演说，并为学校题写校训"勤俭"。学生以本地生为主，也有来自广东、上海等地的。1918 年，盲哑学生公开演出，受到各界欢迎和称赞。20 世纪 20 年代，盲哑学生手工制作的 58 件工艺品在西湖博览会上展出。1925 年，上海五卅运动爆发，盲哑学校师生"素食节费，援助沪工"，积极投入声援五卅运动的爱国斗争中去，这是我国教育史上盲哑学校参加政治活动的最早纪录。

祖父想得很深很远。为开发社会教育，给人民创建一个能起到潜移默化作用的良好环境，光绪三十一年（1905年）他毅然自己出资创办了中国第一个博物馆"南通博物苑"，并相继创建了南通图书馆、军山气象台、公共体育场、更俗剧场、伶工学社、南通俱乐部（梁启超、美国杜威曾在此发表讲话）等，在长江边开发狼山、军山、剑山、马鞍山、黄泥山五山风景区，在城区设东、南、西、北、中五公园等，让老百姓生活在丰富多彩、文化气息十分浓郁的环境中，使人民养成"爱国、爱群、爱亲、爱己"的好习惯，树立热爱祖国和家乡的好思想。

祖父说，有许多事情有始必有终，但教育事业却永无止境。20世纪初约二十年间，祖父在南通地区办了基础教育、高等教育、职业教育、社会教育、特种教育等，同时也关注着江苏省以至全国教育事业的发展，并倾注了自己的心血。他的事业得到社会各方面仁人贤士的帮助与合作，如张之洞、刘坤一、梁启超、章太炎、于右任、黄炎培、王国维、陈师曾、陶行知等，美国杜威等应邀到南通讲学，对南通经济、文化事业发展起到一定推动作用。正由于祖父在发展教育事业方面卓有成效，他们主动来咨询有关办学的要领并要求给予帮助，祖父无不全力而为。

光绪二十九年（1903年），张之洞邀请祖父帮助筹建三江师范学堂，由江苏、江西、安徽三省合办，校址设在南京，光绪三十一年（1905年）改为两江师范学堂，1914年改为南京高等师范学校，祖父推荐他的学生江谦任第一任校长。1920年高师时任校长郭秉文商请祖父、蔡元培、黄炎培、蒋梦麟等九人为发起人，经教育部同意，成立东南大学。后又改为南京大学。

光绪二十九年（1903年），马相伯先生商请耶稣会创办震旦大学，为扩大影响，取得祖父的指导，聘请祖父为校董。日后，震旦大学因学潮解散，马相伯、严复筹办复旦公学（复旦大学前身），祖父积极捐款，鼎力助成。

　　光绪三十二年（1906 年）祖父在上海举办了吴淞商船学校，1912 年，祖父决定在上海举办水产学校，黄炎培先生亲督建成。

　　光绪三十三年（1907 年），留学日本的中国学生因罢学事件被遣送回国，祖父和赵竹君、曾少卿等派轮船将他们接回来，在上海建立了中国公学，使他们既有安身之处，同时仍能继续深造，为国效劳。

　　光绪三十一年（1905 年），我国最早的教育社会团体"江苏学务总会"在上海成立，第二年更名为"江苏教育总会"。该会首次会议上，祖父被公举为会长。教育总会章程规定以"专事研究本省学务之得失，以图学界的进步，不涉学界外事"为宗旨。江苏教育总会不仅推动本省教育的兴改，并影响全国，宣统三年（1911 年）四月底，来自江苏、湖南、浙江、河南、沈阳、河北、江西、山东、福建、广东、广西、安徽等省的代表在江苏教育总会开会，共同研究和议决请变更初等教育法案、请统一国语文法案等事宜。1913 年，江苏教育总会开会，祖父虽一再请辞，但仍被选为会长，黄炎培被选为副会长，江苏省教育为各省先导，祖父领导省教育总会十余年，对他协助最大的是他最信重的黄炎培和沈恩孚两位先生。祖父和黄炎培先生年龄虽相差 25 岁，但志同道合，结下了深厚的友谊。正如朱宗震教授所述："黄炎培和张謇走的道路在总体上是一致的，也是扬弃了学而优则仕的传统观念，而以理想主义的精神，立足于社会，在民间尽自己的努力，推动国家和社会的发展。"祖父和黄炎培先生来往甚多。1914 年 12 月 2 日，祖父日记载："与沈、黄（沈恩孚与黄炎培）议河海工程事。"黄炎培先生 1923 年 12 月 3 日日记载："夜上大庆船赴南通，应啬公（指祖父）之召。"4 日记载："与啬老长谈。"黄炎培先生的主要精力放在创办职业教育上，祖父在《论新教育致黄任之（炎培）函》中，强调办教育要注意德育，认为"中国教育之为道，使人知伦纪与德行艺三者而矣"。1917 年 5 月，祖父、蔡元培、梁启超、黄炎培等九人发起成立中华职业教育社，积极支持黄炎培推行职业教育。1926 年祖父逝世，黄炎培先生敬挽祖父的长联为：

物则棉铁，地则江淮，盖其自任天下之重如此；远处着眼，近处着手，凡在后生，宜知勉矣！

早岁文章，壮岁经济，所谓不作第二人想非耶；孰弗我有，孰是我有，晚而大觉，尚何憾乎？

宣统三年（1911年），学部奏设中央教育会，各省代表推请祖父任会长。但清政府已渐入纷乱状态，该会已难有作为，不能实实在在地发挥作用，地位虽高又有何用，祖父对此看得淡薄。不久，辛亥革命成功，又为祖父"父教育、母实业"的愿望带来一线希望。

投身立宪

父亲曾谈道:"我父从光绪二十年(1894年)以后,虽然没有做官,但是没有不办事。外表看起来,他不站在政治舞台上,而实际无时不抱着'国家兴亡,匹夫有责'的责任心,一种尽忠竭爱,希望改进政治,人民得到幸福的热忱,或者比别的人还要加上几倍。"这一段话主要说明祖父光绪二十四年(1898年)从北京回到通州后,办实业,办教育,但从长久计,念念不忘国家进步的根本还在于要政治改革,要变法,要立宪。一部宪法,比什么都重要,宪法一天不制定,国家政局就一天不能稳定,人民就不能过上好日子。祖父比喻:国家没有宪法,如同一艘船在大海中没有指南针和摆舵,任意漂流,失去前进的方向。但国家不能听天由命。

祖父在日本实地考察时,日本明治维新以来取得的进步使他感受很深。他在《东游日记》中谈道:"日人治国若治圃,又若点缀盆供,寸石点苔,皆有布置。"日本各方面欣欣向荣,秩序井然,祖父认为主要原因是有较完善的法治,因而对"立宪"有了更深的感悟。他将日本宪法文本带了回来,见到官员和友人,无不畅谈立宪的重要,宣传立宪的紧迫性。光绪三十年(1904年),祖父主动和江浙立宪派人士联合,共同向清政府反映,要求尽早实现立宪。四月,祖父受鄂督张之洞、江督魏光焘委托,代为起草《拟请立宪奏稿》。祖父写完初稿后,立即赴上海与汤寿潜、蒯光典、赵凤昌等商讨,并反复修改,十易其稿。又组织刻印《日本宪法》,呈送内廷。祖父年谱上有一段记载:"六月刻《日本宪法》成,以十二册由赵竹君凤昌寄赵小山庆宽径达内廷。此书入览后,孝钦太后于召见枢臣时谕曰:'日本有宪法,于国家甚好。'

枢臣相顾，不知所对，唯唯而已。"祖父又数次请见户部侍郎铁良，陈述立宪的重要性；还积极联络各省督抚，争取采取一致行动。他通过袁世凯的亲信杨士琦，了解时任北洋大臣、直隶总督的袁世凯的政治动向，光绪三十年（1904 年）五月十三日写信给袁世凯，敦请袁奏请立宪。光绪三十一年（1905 年）八月，再次致函："万世在后，万史在前，今更为公进一说：日处高而危，宜准公理以求众辅。以百人辅，不若干；千人辅，不若万，万人不若亿与兆。自非有所见，不为公进此一言也。且公但执牛耳一呼，各省殆无不响应者，安上全下，不朽盛业，公独无意乎？及时不图，他日他人，构此伟业，公不自惜乎？"祖父利用袁世凯极重个人名利的心理，再次提出希望袁世凯带头奏请立宪。当年，立宪运动已在全国兴起，清廷也有利用立宪安抚国民的意向。袁世凯一贯见风使舵，收到祖父信后，立即回复："各国立宪之初，必有英绝领袖者作为学说，倡导国民。公夙学高，才义无多让。鄙人不敏，愿为前驱。"极尽"恭维"之语，同时表示愿意极力奏请立宪。其间，祖父又组织编译刊印了三本宪政著作：《宪法义解》《日本宪法》《日本议会史》，分送各方面重要人士。祖父并为《日本议会史》作序："不立宪法，遂无望立法、行政、司法之实行也"，"施政之秩序有缓急，国民之智力无强弱，事不难发于端，亦贵有以先之耳"。侯宜杰教授曾谈道："他（祖父）已认识到立宪的时机不是坐等而来，而是需要人民主动争取，需士大夫出而提倡，而士大夫要担起这一重任，就必须具有宪政知识和参政能力，以免届时无所措手足。这一思想对知识分子投入立宪运动是个巨大的促进。"章开沅教授说："他决心走向立宪运动的前列，而且也确实成为立宪运动的先导者。"

在各方面的压力下，光绪三十二年（1906 年）七月十三日，清廷下诏准备立宪。祖父十分高兴，立即与郑孝胥、汤寿潜筹备建立了立宪团体"预备立宪公会"，主要任务是宣传普及宪政知识。郑孝胥当选会长，祖父为副会长。光绪三十三年（1907 年）十一月，祖父与汤寿潜等讨论国会问题，支持预备立宪公会、宪政公会、政闻社、宪政研究会共同筹备成立国会期成会，领导全国请愿活动。光绪三十四年（1908 年）六月，祖父又与郑孝胥代表预备立宪公会两度致电宪政编查馆，要求在两年内召开国会。

在各地人民的要求下，清廷于光绪三十四年（1908 年）六月二十四日颁布了《谘议局章程》和《谘议局议员选举章程》，限令各省一年之内一律成立谘议局。八月一日，又宣布自本年起，预备立宪期限为九年，届时颁布宪法，召开国会。

宣统元年（1909 年）九月一日，全国各省谘议局正式成立。祖父当选为江苏谘议局议长。谘议局的工作在祖父的领导下很快展开。首先召开议员全体会议，研究明确了谘议局的职权：进行调查，预备议案，讨论自治团体和人民的建议，为开好第一届常会做好充分准备。同时研究制定选举细则、议事细则。议事细则包括议事日程安排、提案审查、议员案议、表决程序等，对重要议案采取三读会的程序都 · 一作了明确的规定。江苏谘议局第一届常会按时举行，议员提出大量议案，会议秩序井然，议员态度十分认真。

江苏谘议局开会的第一个月，祖父便以议长的身份发表《请速开国会建设责任内阁以图补救意见书》，指出专制制度的危害与创设国会的重要性和迫切性。他出面联络奉、黑、吉、直、鲁、浙、闽、粤、桂、湘、皖、赣、鄂等省谘议局，并派孟昭常、杨廷栋等到各省加紧联络促进请愿，要求清廷尽早召开国会。十一月上旬，16 省谘议局代表抵达上海，总共 50 余人，在预备立宪公会事务所开会，定名"谘议局请愿联络会"，推定福建谘议局副议长刘崇佑为主席，组成 33 人的赴京请愿代表团，代表情绪十分热烈。祖父设宴为代表饯行，并作《送十六省议员诣阙书序》，诚恳地希望代表时时牢记"国之兴亡，匹夫有责"。又谈道："秩然秉礼，输诚而请"，请愿不成，"而至于三，至于四，至于无尽"，"即使诚终不达，不得请而至于不忍言之一日，亦足使天下后世，知此时代人民，固无负于国家，而传此意于将来，或尚有绝而复苏之一日"。宣统元年（1909 年）十二月初六，请愿代表将经祖父修改定稿的请愿书呈递都察院，要求一年内召开国会。清廷却以"筹备既未完全，国民知识程度又未画一"为借口，未予采纳，仍然坚持九年预备立宪的原议，第一次国会请愿就此以失败而结束。

宣统二年（1910年）二月，江苏谘议局作为国会请愿运动的发起单位，在祖父的主持下开会，再次作出请求速开国会的决议。四月，各省政团、商会、学会及华侨商会分别推举代表，陆续到北京，联合各省谘议局代表，共同发起第二次国会请愿运动。以原谘议局代表为基础，重新组成了有其他各界代表参加的国会请愿代表团，推定孙洪伊等十人为领衔代表，五月向都察院呈递请愿书。入京请愿代表150余人，在请愿书上签名的有30余万人。但清廷顽固如初，仍然拒绝提前召开国会，并且极严厉地告诫请愿代表："惟兹事体大，宜有秩序，宜谕甚明，毋得再行渎请。"对此，祖父是有思想准备的，很快又发起第三次请愿运动。他对孙洪伊说："请愿无效，决为三次准备，誓死不懈。"九月，代表团进京进行第三次请愿。

清廷在各方面压力下，不得不于十月三日宣布提前于1913年召开国会，但为了面子，同时谕令请愿代表即日散归，不准再请。

为了蒙骗立宪派和全国人民，清廷于宣统三年（1911年）四月十日宣布组织第一届责任内阁，实际上这是一个更强化皇室、满族亲贵权力的机构，与真正执行宪政精神的内阁相去甚远，引起了立宪派和全国人民的普遍反对。地方有关方面又派代表到通州，敦请祖父亲去北京了解有关情况，祖父即邀雷奋、杨廷栋到通州，交换意见，进行商议。不久，上海商务总会首先出面，由沪、津、穗、汉四地商会公推，敦请祖父进京请求清廷批准赴美报聘及中美合作经营航业、银行等事宜，祖父历来对发展国家经济的大事最为关切，经考虑，同意北上一行。

拥护共和

宣统三年（1911 年）四月二十七日，祖父与江谦、刘垣、孟森等一批随员，由上海乘船，五月二日到达汉口。湖北大维纱厂多年经营不善，面临倒闭。祖父有意在武汉发展，经人介绍，到汉口商谈有关取得纱、布、麻、丝四厂承租权的事宜。

五月十日，祖父等又由汉口乘京汉铁路进京，因为想了解袁世凯对当前时局的看法和意见，决定路过彰德时与袁世凯晤谈。五月十一日下午五点钟，火车到达彰德时，袁世凯已派人在车站迎候，祖父独自乘轿前往洹上村，与袁世凯谈到深夜。"尉庭（袁世凯）留住，未之许也。"祖父回到火车上时已半夜十二点。袁世凯一贯善于迎合，对祖父说："（淮水事）不自治则人将以是为问罪之词。"又谈道："此等事，乃国家应做之事，不当问有利无利。人民能安业，即国家之利。"祖父在日记上记述："访袁尉庭于洹上村，道故论时，觉其意度视二十八年前大进，远在碌碌诸公之上。其论淮水事……尤令人心目一开。"

五月十二日，祖父一行到达北京。祖父为了避免北京各团体迎接，有意比原定的日期早一天到达，但北京车站欢迎的场面依然十分热烈。许鼎霖、端方的儿子和弟弟、肃亲王善耆的世子都来迎接，并把祖父的住处安排在翁同龢的故居。

五月十四日，祖父谒见庆亲王奕劻，端方在座。当天，各省谘议局联合会举行欢迎大会。

五月十五日，那桐一清早就来报信，告以内廷已令翰林院通知，摄政王准备在十七日召见。

五月十七日，摄政王载沣召见，祖父日记记载："八时一刻召见……引见于勤政殿。先至御座前跪安，起，入西房内。摄政王南面坐，旁设四坐，见则肃立致敬。王命坐，即问：'汝十几年不到京，国事益艰难矣。'敬对：'自戊戌出京，今已十四年，先帝改革政治自戊戌始，中历庚子之变，至于西狩回銮以后，皆先帝艰贞患难之时。今日世界知中国立宪，重视人民，皆先帝之赐也。'言至此，不觉哽咽流涕。王云：'汝在外办事辛苦，名誉甚好，朝廷深为嘉慰。'敬对：'张謇自甲午丁忧出京，乙未马关订约，即注意实业、教育二事。后因国家新政需人奉行，故又办地方自治之事。虽不做官，未尝一日不做事，此盖所以仰报先帝拔擢之知。此次因中国报聘美国事，又有中美银行、航业二事，为上年美商与华商所订合（同），故被沪、粤、津、鄂四商会公推而来。蒙皇上召见，仰见摄政王延纳之宏，耳目之不壅蔽，深为感激。今国势危急，张謇极愿摄政王周咨博访，以求治安之进行。'王云：'汝在外办事多，阅历亦不少，有话尽可说。'因对：'张謇所欲陈者：外交有三大危险期，内政有三大重要事……'"言谈中，祖父再次流露出对光绪帝的怀念，同时对中俄伊犁条约、英日同盟条约、内地水情灾患、谘议局的发展，以及搞活金融以振兴商业等直陈己见。摄政王载沣答："都要紧，汝说得极是，可与泽公商量去办。"未得要领，也在祖父意中。

在此以前，许鼎霖曾告诉祖父，端方已奏请任祖父"宾师之位"，同时报纸也传说祖父将进入弼德院或担任内阁秘书长。祖父"以公推而来，必不可得官而去"为由连忙分别谒见载泽、载洵、载涛，希望朝廷理解此次北行的旨趣，表达了绝不就高官高位的决心。

祖父在北京受到各方面的热情招待，值得注意的是，皇室成员特别是载沣兄弟显得异常热情。章开沅教授曾谈道："反映出他们非常期望得到东南上层绅商的支持。人们常说张謇在辛亥革命前夕对清廷存在幻想，却忽略了清廷对张謇这类通融于'政府与人民之间'的绅商也寄予了厚望。"但祖父绝不会去充当这盘残局的一枚棋子。

六月四日，祖父前往东北考察，如往常一样，虽然时间十分紧凑，祖父仍尽力详细考察。日记记载："五日，至奉天（沈阳），途中所见关外之土色远胜关内，沿铁道无荒地也。海城、锦州尤胜。”“'六日，观宫中藏物，因得敬瞻纯庙年少时甲胄乘马之像，姿神美秀，顾视非常。收藏古彝器既富，而康、雍、乾、嘉、道五朝之瓷尤充初也。文溯阁书尚完全无缺。”“八日，观农事实验场。场凡一千六百亩……盖实验用大农法也。”“九日，去长春……日人车站占地凡五十六万亩，市廛居民下及劳力无非日人，其车中管理亦整洁，细崽颇勤顺。每站名标题皆中英文合署。”“十日，夜九时赴东清去哈尔滨，管车无法，俄不若日之征一。”“十一日，八时至哈尔滨……哈为俄人世界。”

祖父赴东北奉天、长春、哈尔滨等地以了解垦务为主，考察约半月，十九日回到北京。又忙于中央教育会开会等活动，会议讨论了国库补助各省兴办初级小学、初等师范等事项。闰六月十日，祖父才离开北京，经由天津乘海船南下。祖父在日记上写道：“此次由沪而鄂而京而奉而吉而黑而营而京而津，最多时上下十四人，凡用三千七百余元。”十八日，祖父回到上海。

两个月后，祖父为庆祝大维纱厂改组后正式开工，八月九日再次赴武汉。大维纱厂的开工仪式结束后，祖父又出席了几个活动，八月十九日（10月10日）十时由武昌过江到汉口，汉口绅商头面人物宋炜臣等在海洞春宴请，晚八时送祖父登上开往上海的日本商船“襄阳”号。祖父上船后，看到武昌方面燃起熊熊火焰。祖父年谱记载：“八时登舟，见武昌草湖门工程营火作，横亘数十丈。……舟行二十余里，犹见光熊熊上烛天也。”八月二十日（10月11日）祖父到达安庆，才知道十九日晚，革命党人发动武装起义，已攻占武昌，这预示着我国最后一个封建王朝即将灭亡。

1911年10月10日，是我国历史上一个极不平凡的日子，以武昌起义为开端的辛亥革命的胜利，标志着旧时代封建制度的结束，新时代现代社会的诞生，尽管近百年的历程是十分曲折而复杂的。

祖父鉴于自己的亲身体会，明知清廷已腐败不堪，难以为继，但情感上与清廷仍有千丝万缕的联系，特别是对光绪皇帝的感恩之情难以摆脱。祖父开始还存在挽救当朝的幻想，如八月三十日

（10月21日），祖父以谘议局的名义致电清廷内阁，请宣布宪法，召开国会，以挽回败局。但随着革命形势的迅速发展，他的思想和态度有了彻底转变。父亲曾对祖父当时的思想作过一段实在的叙述：

"一面，保持清室的安全，下场善后。一面，拥护革命，改国体为民主。认为公私进退最光明正大的脚跟，只有立到走一条大路上去。本来像我父这样高超的人格，凌空的志气，坚强的魄力，纯厚的心田，决不能拿一孔之见的小忠小信，来拘束他范围他；他是中国的人民，不是清室的私臣，对于清室也尽过孟子所谓'谏则不行言则不听膏泽不下于民'的责任。而且革命一发，立即成功的起因，是满清亲贵昏庸自作的结果。所以我父根本的见解，就觉得无论怎样，总不能再保持那腐朽蛀烂不堪收拾的老根，去扑灭铲除这清新俊美有希望的嫩芽。"

至九月十六日（11月6日），上海、杭州、苏州相继光复。十八日（8日）祖父发电报给已奉清廷之命进攻湖北民军的袁世凯。因袁世凯为人难测，祖父惟恐他别有怀抱，对共和不利。祖父劝他认清形势，尊重国内大多数人"趋于共和"的现实，尽速返京，防备清廷逃跑，争取与南方达成协议，确立共和政体。祖父又分别致函南京铁良、张人骏，劝他们响应革命，拥护共和。

时通州革命党人举义已在积极筹划之中，祖父与上海民军取得联系，决定在当地实行"和平光复"。十八日（8日）晚，沪军都督府派前狼山镇游击许宏恩率兵船到通州。因祖父在上海，由伯祖父张詧出面，派人率领绅、学两界代表和学生数百人到江边迎接。通州城内家家户户都在门前挂旗，遍街张贴"光复大汉""还我河山"等标语，"地方秩序如常"，成立了军政分府。

祖父还与伍廷芳等联名再致电摄政王载沣："大势所在，非共和无以免生灵之涂炭，保满汉之和平。……是君主立宪政体断难相容于此后之中国。为皇上、殿下计，正宜以尧舜自待，为天下得人。倘行幡然改悟，共赞共和，以世界文明公恕之道待国民，国民必能以安富尊荣之礼报皇室，不特为安全满旗而已。否则战祸蔓延，积毒弥甚，北军既惨无人理，大位又岂能独存？"劝清廷认清形势，赶快让位。

祖父考虑到实现共和，关系到全国各民族团结的问题，对少数民族尤为重要，九月二十三日（11 月 13 日）与汤寿潜、熊希龄等合电张家口商会，转请蒙古各界人士赞成共和："闻蒙汉同胞均赞成共和；诸公提倡热诚，曷胜钦佩。满清之待蒙人，束缚钳制，视待汉人更酷。……为今之计，惟有蒙汉合力，推诚布公，结合共和政治。……满清退位，即在目前。共和政治成立，人人平等。……务各同心协力，一致进行。"

清室为了消弭革命，令袁世凯组建内阁，九月二十六日（11月 16 日），袁世凯公布新内阁名单，请祖父任农工商大臣兼江苏宣慰使。祖父立即发电致袁内阁以辞："且罪己之诏方下，而荫昌汉口兵队于交绥之外，奸淫焚掠，屠戮居民数万于前；张勋江宁驻兵不在战期，闭城浮掠，屠戮五六百人于后。……尚有何情可慰？尚有何词可宣？……无已，再进终后之忠告：与其殄生灵以锋镝交争之惨，毋宁纳民族于共和主义之中，必如是，乃稍为皇室留百世禋祀之爱根，乃不为人民遗二次革命之种子。如翻然降谕，许认共和，使謇凭借有词，庶可竭诚宣慰。……至于政体未改，大信已漓；人民托庇无方，实业从何兴起？农工商大臣之命，并不敢拜。"坚决拒绝出任两职。

十月五日（11 月 25 日），清廷心慌意乱，发出内阁电："催各省代表到京，拟将君主及民主政体觇此项代表意见。"祖父"当即复电，谓南省人心大致趋于共和，以一二人之力亦实难转圜"。清廷收到祖父复电后，惶恐万分，认为作为立宪首领的祖父已明确转向共和，恐大势已去，立即又致电祖父："内阁代递张謇电奏悉。前经宣布宪法信条十九条，并定于本月初六日宣誓太庙。此后庶政德行，公诸舆论，决不致再有障碍。至共和政体，列国有行之者。惟中国幅员寥廓；满、蒙、回、藏及腹地各省，民情风俗，各有不齐；是否能收统一之效，不致启纷争割裂之祸，仍着该大臣迅速来京，与廷臣详细讨论。并将朝廷实行改革政治意旨，剀切宣示，以释群疑。"祖父接到内阁急电后，毫不动摇地再次复电，针锋相对地指出："自武汉事起，即持非从政治根本改革不能敉乱之议。……民主共和，最宜于国土寮廓、种族不一、风俗各殊之民族。……今共和主义之号召，甫及一月，而全国风靡，征之人心，尤为沛然莫遏。激烈急进之人民，至流血以为要求；嗷嗷望治之情，可怜尤复可敬。今为满计，为汉计，为蒙、藏、回计，无不以归纳共和为福利。惟北方少数官吏，恋一身之私计，忘全国之大危，尚保持君主立宪主义耳。然此等谬论，举国非之，不能解纷而徒以延祸。窃谓宜以此时顺天人之归，谢帝王之位，俯从群愿，许认共和。……今推逊大位，公之国民，为中国开亿万年进化之新基，为祖宗留二百载不刊之遗爱，关系之巨，荣誉之美，比诸尧舜，抑又过之。……至于皇室之优待，满人之保护，或阁臣提议，国会赞成，立为适宜之办法，揆之人道，无不同情。"祖父坚定地告别清廷王朝。

　　上海、杭州、苏州等地相继光复后，多数省市仍处于犹豫不决之中。清廷仍作垂死挣扎，令清军向汉口、汉阳进行疯狂反扑。祖父考虑并最关心的是有更多的地区响应革命，宣布光复。南京作为东南重镇，举足轻重，如能尽早光复，对全国将会有很大的影响。但南京仍在顽固派江南提督张勋的控制之中。因此祖父积极主张和支持以江苏都督程德全为首，苏、浙、沪三都督共同组织江浙联军攻取南京。早在九月二十一日（11月11日），程德全督师攻打南京之前，即致函祖父，请祖父从速到苏州代为坐镇，信中写道："季公（指祖父）如见：弟勉力支撑，现已告竭，公迟迟其行，如有破裂，不敢任咎。祈速命驾前来，即日交代，得公镇抚，不唯各方面疑团解决，且须速商各都督推举临时大总统，方与时局有裨，弟忍死以待，迟恐无及，不忍多言。"十月二日（11月22日）祖父接受程德全委托坐镇苏州。当日，程德全赶赴前线督战。激战前夜，联军汇师镇江，财政拮据，镇江都督、师长林述庆到处求援，祖父即派大达轮步公司的大安轮专程送银元五千给联军，以供财政之需。并向林述庆发出电文："林都督鉴：感电敬悉，镇汀当前敌，剧战方来，敝处现在金融万分恐慌，义当力筹以效同仇。初一日派大安轮船专送洋五千元到镇，请属财长验收，并已转电如泰盐栈协助，得复再闻。张謇叩。"

十月十二日（12月2日）革命联军攻克南京。祖父即以江苏省议会和通海实业公司（属大生集团）名义送"牛五十头，酒千瓶"和"面千袋，布千匹"，犒劳联军。《江苏省议会犒赏攻克金陵联军函》写道："联军将士麾下：自鄂军起义……天下方将以扬子江流域，握神州民国之中枢，造我四百兆同胞之幸福。……幸仗贵军六昼夜之血战，摧拔坚城。将于是为民国之初基，奠东南之半壁，伟哉战绩！……敬劳贵军，借申犒献之忱，聊佐凯旋之奏。"祖父还以《通海实业公司犒金陵捷军》为题发布公告："江苏光复，曾不浃旬，州县闻风响应。咄贼张勋，负固金陵，劳我义师苦战六昼夜而始下。……转瞬冰雪载途，诸君子方策远征，为通国求共和之良政。政果共和，实业无不兴者，亦诸君子志事矣。诸君勖哉。"

江浙联军攻克南京，稳定了局势。祖父不仅通电争取各方赞同拥护共和，同时亲身参加了推翻清王朝的军事行动。其间，祖父为了统一时人对共和、立宪的认识，揭露清廷和别有用心之人的阴谋，澄清国民程度和共和政体的关系，公开发表了《建立共和政体之理由书》，指出："国民程度由一国之政治制造而成。国民程度，制造品也；政治即机器。有共和政治，然后有共和程度之国民。美、法革命，改建共和，皆为反抗压制事实之结果，非先有共和程度而为之也，美苦战八年而独立；而其组织合众国，亦独立后屡经会议，八年而成之。使其当日富有共和程度，不若是之困难矣。观此可知共和政体与君主立宪政体，不以国民程度之高下为衡，而以国民能脱离君主政府，与不能脱离君主政府，为适宜之取决。英之保存君主……日本之尊王……皆国势事实上之问题，与国民程度无关也。是故国民未能脱离君主政府，只有立宪，请求共和不可得；既脱离君主政府，只有共和，号召君主立宪不可得，亦国势事实为之也。"《理由书》还驳斥了"国土寥廓，种族不一"不适于共和的谬论。

十月十二日（12月2日），祖父到上海与章太炎、宋教仁、黄兴、于右任等革命党高层接触和晤谈，以后又多次与黄兴就临时政府的建立交换意见。二十四日（14日），祖父剪掉了自己的辫子，包好寄回家中，在日记上写道："此亦一生纪念日也。"

十一月初六（12 月 25 日），孙中山自海外回到上海，即与祖父晤谈。唐绍仪在南北和议时说过："国民党中人对国内情形并不怎样熟悉，张謇是提倡实业救国的新人物，孙（中山）、胡（汉民）、汪（兆铭）等民党领袖，对张不仅慕名，而且很佩服很重视。他们为了熟悉情形，有不少事要请教张。"而在孙中山先生未回国前，祖父已与黄兴、汪兆铭、陈其美等有较多的接触。

1912 年 1 月 1 日，孙中山在南京就任临时大总统，中华民国正式成立。此前祖父应黄兴的邀请，按时到达南京。祖父十分郑重地看待中华民国建元之日，在住宅的大门上，亲笔书写了"民时夏正日，国运汉元年"。也是历史的巧合，孙中山宣誓就职的地方，就是祖父为推进议会政治，于光绪三十四年（1908 年）亲自组织、选址、规划、设计（参考日本议院图纸）、建筑的谘议局大楼。

已故严学熙教授在《张謇与辛亥革命》一文中谈道：1912 年元旦，中华民国临时政府的诞生，祖父扮演了助产士的角色，为辛亥革命的胜利，为结束中国两千年封建专制政体作出了不可磨灭的历史性贡献。刘厚生评论说："张謇是一个促成革命成功的有力者。"革命党领袖黄兴也认为祖父等人"缔造共和，殚尽心力"。祖父顺应历史潮流，实现了他一生最大的转变。

孙中山诚邀祖父出任实业总长，祖父虽感到"时局未定，秩序未复，无从言实业也"，但他盼望临时政府早日成立，国家可以早日出现统一的局面；同时，他也有责任帮助新生的共和政权扩大影响，建立威望。因此答应了临时政府的要求。

1 月 3 日，孙中山和祖父就临时政府有关政策和工作进行了商谈。详情未见记录，但祖父在日记上写道"未知涯畔"。这可能是因为孙中山为推进革命，实现共和，多年常在国外，忙于筹集资金，对国内情况比较生疏，对革命成功后国家经济发展、国力复兴尚未作全面考虑，而祖父长时期的工作，涉及政治、经济、社会事业等各个方面，更关切当前国家经济复兴的方针大计。章开沉教授认为，他们在谈话中可能涉及兵、饷两大严重问题，孙中山又重复了"予不名一文也，所带回者革命之精神耳"，给祖父留下了这一印象。

临时政府筹建时，经费即十分困难，黄兴请求祖父给予帮助。祖父毅然承担，以大生纱厂总经理的身份和资格作担保，向日本三井洋行借款 30 万元，约定一个月归还，保证书上明确写道："兹因黄君克强为中华民国组织临时政府之费用，向贵行借用上海通用银元 30 万元。约定自交款之日起一个月归还，并无抵押物。如还期不如约，惟担保人是问。三井洋行鉴存。张謇。"为了帮助临时政府解决外省军队调离江苏的经费问题，他商清各商会筹垫 20 万元。后临时政府军事、行政费用又告急，黄兴提出让商会再筹垫 50 万元。祖父提出"劝勿扰商，自任为筹"，自请承担为临时政府筹款的任务，一心　意为稳定孙中山总统领导的临时政府做实在的事。

但不久，2 月 13 日，因临时政府以汉冶萍公司与日合资并向日本抵押借款事引起争议，祖父正式辞去实业总长职务。汉冶萍公司由私人集资开办，盛宣怀为大股东。盛宣怀为求庇护，与日人协议合办。日商久欲并夺汉冶萍公司，立即同意。双方议定资本总额为 3000 万元，中日各半。盛宣怀趁临时政府急需用款之际，表示愿以 500 万元借给临时政府以取得政府的批准。孙中山、黄兴鉴于"民军待哺，有哗溃之虞"，"急不能择"，竟然批准，"秘密签字"，未告诉财政总长陈锦涛，担任实业总长的祖父更不知此事。参议院闻悉，也以违背"临时政府组织大纲"，严厉质问。祖父知道汉冶萍中只合资事后，十分惊讶，他认为日本没有铁矿，对于我国铁矿"百端设法，思攘而有之"，因此要识破日本的企图，要从国家大的长远的利益考虑，不能陷入盛宣怀为一己之私利不顾国家权益的计谋，祖父立即写信给孙总统和黄兴总长："汉冶萍之历史，鄙人知之最详。综要言之，凡他商业皆可与外人合资，惟铁厂则不可；铁厂容或可与他国合资，惟日人则万不可。……盖全国三岛，无一铁矿，为日本一大憾事。而我则煤铁之富，甲于五洲。鄙人尝持一说，谓我国铁业发达之日，即日本人降伏于我国旗之下之日，确有所见，非过论也。……至中日合办之说，则万不可行，未可因其以借款之故，稍予通融。……謇忝任实业，于此事负完全责任，既有所知，不敢不告。"孙总统复函："而该件紧迫，已有成议，今追正无及。……于众多矿中，分一矿利于日人，未见大害。"祖父再电孙总统："惟謇身任实业部长，事前不能参预，事后不能补救，实属尸位溺职，大负委任。……谨自动辞职。"孙中山恳切挽留："直言文所深佩。时危拂衣，想非所忍，尚企为苍生挽留，不胜盼切。"但未能说服祖父。祖父出任总长时，与孙中山约定，任职至清帝退位为止。2 月 12 日，清帝宣布退位，祖父电呈孙中山，请"许践前约"，坚辞而去。祖父为人正直，真诚待人，不尚虚伪，一贯如此。但这并未影响他对孙中山先生的敬重和相互之间的友情。1922 年，广东部队叛变，孙中山回到上海，父亲前去谒见，并表示慰问。孙中山先生一再问候祖父，送给祖父一张亲笔题名照片，还送给父亲一本英文版的《实业建设计划》。

祖父最钦敬孙中山、蔡锷二公。赞誉孙公是创立革命的人，蔡公是复兴民国的人。他们赤心为国，大公无私，艰苦奋斗，积劳而逝，一生清廉，人格伟大。1925 年孙中山先生病逝，祖父十分哀痛，在南通公共体育场，举行盛大追悼会，祖父身穿礼服，亲去主祭，深表哀悼："今天是为孙中山先生开追悼会。孙中山是手创中华民国之人，是国民党之领袖。即手创民国，则凡属中华民国之国民，谁不该敬佩他，谁不该纪念他。中国以四五千年之君主国体，一旦改为民主，在世界新趋势虽顺，在世界旧观念则逆，况以一二人为之，则因逆而更难。而孙中山不畏难，不怕苦，不耻屡仆屡起，集合同志，谋举革命，千回百折，备尝艰苦，至辛亥年事会凑合，卒告成功。……孙中山之革命，则为国体之改革，与一朝一姓之更变迥然不同。所以孙中山不但为手创民国之元勋，且为中国及亚东历史上之一大人物！今在京病殁……南通特先开会……若孙中山者，我总认为在历史上确有可以纪念之价值。其个人不贪财聚蓄，不自讳短处，亦确可以矜式人民。今中山死矣，其功其过，我国人以地方感受观念之别，大抵绝不能同。

然能举非常大事人，苟非圣贤而贤哲为之左右，必有功过并见之处。鄙人愿我国人以公平之心理、远大之眼光对孙中山，勿爱其长而因护其短，勿恨其过而并没其功；为天下惜人才，为万世存正论。此则于追悼之余有无穷之感想者也。"

推进立法

　　孙中山临时政府成立前后，为实现民主议会政体，祖父主动与程德全、章太炎、赵凤昌等议创统一党。1912年3月正式成立，这是民国以来第一个以党的名义出现的政治团体。之后，以统一党和民社为基础，合并国民协进会、国民公党、国民公会、共进会组成共和党。不久，共和党又和民主党合并，成立进步党，立宪派终于完全合流。

　　临时政府成立后不久，1912年2月12日，袁世凯利用全国革命声势，迫使隆裕太后正式诏谕清帝退位。2月13日，袁世凯将清帝退位的决定正式通知南京临时政府，孙中山先生为履行"如和议成立，即当避席"的诺言，当即向参议院辞职。3月，袁世凯替代孙中山先生任临时政府大总统，此后再三要求祖父出来组织后继内阁，祖父坚决拒绝，推荐熊希龄出任，袁在给熊希龄的电报中淡道："东海高卧，南通倦勤，默揣众意，非公莫属。"1913年8月28日，熊希龄应允组阁后，就和袁世凯数次致电祖父，邀请他担任工商、农林总长，第二天祖父复电婉辞。9月1日袁世凯又亲自致电劝说祖父出山，似乎已再无商量的余地。10月6日，祖父邀请汤寿潜、刘垣、孟森、雷奋等到南通以"商进止"，祖父权衡利弊后，虽然本无意于官场，但从全局考虑，如过于固执，恐会影响组阁，同时他想得更多的是，何不利用任职的机遇，抓紧制定有关工商法令，以保护民族工业和推进国家经济的发展。祖父历来不放过任何有利于促进国家经济和民族工业发展的机会，因而决定立即北上。10月10日，祖父乘北京政府专门派来迎接的飞鹰兵舰，到达浦口后，转坐津浦路火车进京。

　　祖父接受了袁世凯、熊希龄入阁的邀请，另外也有一个缘故，当时军阀张勋率军进入南京城，掳掠烧杀，无所不为，南京人民处于极端恐慌之中，百姓愤怒到极点。祖父接连发电报给袁世凯，坚决要求袁世凯立即撤换张勋并将其队伍调离。袁世凯在众怒之下，不得不接受江苏和南京人民的公意，并复电祖父，立即撤换张勋，同时再次要求祖父必须同意入阁任农商总长，作为交换条件，祖父再难推却，考虑不如因势利导，为国家做力所能及的事。

祖父同意出任农商总长，为的是"国强民富"，尽心尽职地做点实事。父亲谈道："从前在专制（指封建王朝）国体下，政局腐败，不上轨道，民间的实业，非但不予以赞助推行，有时反加阻碍妨害，弄到已办的风雨飘摇，未办的不敢尝试，民间兴业生产的动机，天天退缩，国力因此没有振作的趋势，何况我父当时身历其境，很为痛心。一到民国，希望都来，想把以前的各种压迫，侵犯的枷锁，一扫而空，拿了个人向来讲求计划的实业建设，尽量地为国家效力，先着手创立各种农商法令，使神圣的法律，能保障人民，扶助人民，走上兴业生产的大路。"

祖父认定，一个政府要有所作为，首先需要明确地制定重大的政策与法律。他比喻说，政府施政如一个人驾驶一辆车，政策足一条路、一个目标，有了路和目标，驾车的人就可按确定的路线和目标前进，政府和政策连锁的关系是十分重要的。祖父到北京就职后，发表了《实业政见宣言书》："謇此次出就部任，大惧无以应现世之所需，餍国人之属望。……民国肇建，内乱外患……借款累累，债权四压"，"所可以告我国人者，惟矢此勤勤恳恳之心，与国务院诸君，交尽职责而已"。接着提出四大方略：一、当乞灵于法律；二、当求助于金融；三、当注意于税则；四、当致力于奖助。最后他说："凡此四事，皆农工商行政范围中应行之事，而以謇艰难困苦中经验所得，尤视为一日不可缓。……謇对于实业上抱持一种主义，谓为棉铁主义。以为今日国际贸易，大宗输入品以棉为最。……铁需用极大，而吾国铁产极富……惟有并力注重输入额最高之物，为捍卫图存之计，若推广植棉地纺织厂……开放铁矿，扩张制铁厂，是惟为之左右为之前后者，尚宜有各种之规划。……总之，政治能趋于轨道，则百事可为；不入正轨，则自今以后，可忧方大。"

南京政府尚未解散时，袁世凯为多安排人，将实业部分为工商和农林两部，祖父到职后，首先将两部合并，成立农商部。他提出："林属于农，工不能离开商而独立。"将原来八个司并为三个司（农林、工商、渔牧）、一个局（矿政局），人员根据工作实际需要安排，即"有官而无事者存其官，而不必置其人；有事而人多者减其人，以适当于事"。1913 年 12 月 27 日，农商部第二号令公布选用原农林部 62 人、工商部 62 人，共 124 人，较原来两部人数减少了三分之二。被精简的人员，也作了妥善的安置，鼓励和帮助他们"各出所学，自谋乡里"。祖父在裁减冗员的过程中，冲破遗老遗少亲友故旧"人情"关系的旧习，以公为重，虽然遇到一些困难，也得罪了某些高官贵人，但他改革的决心坚定，最终实现了机构精简，人员精干，为拓展农商部工作打下了良好的基础。

祖父任农商总长期间，以"立法"为中心，以振兴民族工业、推进对外开放两大任务为重点，到职的第一天，即以经济立法为行政的第一计划。"夫国必有法，有法必治。"通过经济立法来促进和保障国家经济、市场经济、资本经济的发展，以达到国富民强的目标。经济立法的重点内容主要有以下几方面：1. 促进工、矿业，农、林、牧、渔业全面发展；2. 扶持尚处于幼稚阶段的民族工业；3. 奖励和推进民间企业的发展；4. 促进对外开放和合作；5. 统一货币，统一铸币权，统一度量衡；6. 促进金融事业发展和金融市场规范化；7. 强化商会中介机构，促进市场经济的发展。

为保护和规范我国尚处于幼稚阶段的民族工业，祖父主持制定并颁布《公司条例》，推行股份制公司，以利于民间资本的释放和民族工业的发展。股份制公司不同于甲午战争后洋务派的大量官办、官督商办和官商合办等企业，那些企业多数"排调恢张，员司充斥"，制度腐朽，经营无能，洋务派多为名为利，全无为发展民族工业献身的精神。因而，祖父在到任宣布政见时即打了招呼："窃意自今为始，凡隶属本部之官业，概行停罢，或予招商承办。惟择一、二大宗实业，如丝、茶、改良制造之类，为一私人或一公司所不能举办，而又确有关于社会农、工、商业之进退者，酌量财力，规划经营，以引起人民之兴趣，余悉听之民办。"

《公司条例》是一部经济大法，共有251条，明确了公司的性质，详细地规定了公司的组织形式、法律责任和地位、组织机构和内部管理制度等。公司均认定为法人，受国家法律保护和监督；公司设立必须订立章程并经注册登记；规定了公司的会计制度，如复式记账、成本核算、财产清查、设置账户、编制报表等；对公司的董事会、董事、监察人以及公司的债务，公司的变更、破产、清算、罚款等，都一一作了详细的规定。祖父强调公司法及有关破产法的重要性："故无公司法，则无以集厚资，而巨业为之不举。无破产法，则无以维信用，而私权于以重丧。"

祖父曾提出："愿天下凡有大业者，皆公司为之。"他在光绪二十年（1894年）筹建大生纱厂时，基于对西方企业比较深刻的了解，采用了股份公司的形式，制定章程，经过艰辛的资本筹集过程，最后取得很好的效果。这使他体会到，股份公司既能发挥筹集资本的作用，同时又具有经营管理方面的先进性和科学性。

同样，祖父经反复学习、研究、思考，精密地制定了《公司保息条例》《商人通例》《商业注册规则》《矿业条例》《公司注册规则》《矿业注册规则》等。《公司保息条例》第一条，明确条例的宗旨：政府为发达实业起见，拨发公债票2000万元，作为保息金，本国人民依本国法律新成立的公司可按资本额五厘、六厘呈请保息；自开机制造之日起，连续三年为保息期，因考虑到一般集资股份公司三年之内不能获利，应予扶持。

其他有关条例也十分科学，对经济发展、实业壮大起到了良好的作用。

如《劝业银行条例》总则第一条："劝业银行，以放款于农、林、牧、垦、水利、矿产、工厂等事业为目的。"第二条："劝业银行为股份有限公司。"开一时风气之先。

《矿业条例》总则第四条："凡与中华民国有约之外国人民，得与中华民国人民合股取得矿业权，但须遵守本条例及其他关系诸法律"，"外国人民所占股份不得逾全股份十分之五"。这是我国历史上第一次以法律的形式确立引进外资、对外合资办企业的内容，也为各行各业提供了先例。

祖父还制定颁布了以奖励和扶助企业为中心的法令和条例，如前已提到的《公司保息条例》专设"奖励"一章。直名奖励条例的有《植棉制糖牧羊奖励条例》《公海渔业奖励条例》《造林奖励条例》等。具体规定有："植棉至一万亩以上者，奖一千元"；"凡扩充植棉者，每亩奖银二角；凡改良植棉者，每亩奖银三角"。《造林奖励条例》规定："造林面积达二百亩以上、成活满五年以上者，核给四等奖章"；"凡经营特种林业……得按其面积株数，核给奖金"。

为了鼓励垦荒，全面发展农林渔牧业。《国有荒地承垦条例》规定："国有荒地范围为江河湖海涂滩地、草地或树林地，新涨的或旧废无主未经开垦的以及平原、高原山地、干地、湿地，均准许人民依法开垦。"《边荒承垦条例》第一条规定边荒范围："直隶边墙外，奉天东北边界，吉林、黑龙江、川、滇等边界，陕西、甘肃、山西、新疆、广西等省边墙外。"第二条明确规定：边荒地除国家有特别使用之目的外，人民得依本条例承垦。为鼓励承垦者，还分别优惠地价，提前完成者，按地价减少百分之三十至六十。又明确规定，边远省份可按本省具体情况，编定规则，报农商部核准。先后有《黑龙江招垦规则》《吉林全省放荒规则》等。1914年3月，祖父通令沿海各省筹设水产讲习所，派员巡回讲授，扶持渔民举办渔业公司；令沿海各省设立渔会，创设海图局，拟定渔业法案，并制定和颁布了《公海渔业奖励条例》和《渔轮护洋缉盗奖励条例》，不久，江浙渔业公司、奉天渔业公司、民富渔业公司、北洋淑兴渔业公司、浙海渔业公司、鲁海渔业公司等相继成立。

1914年5月1日，祖父以农商部名义，训令各省区民政长官，禁止自由采伐森林。同年11月3日，颁布《森林法》和实施细则。规划在黄河、长江、珠江上游地区营造保安林，以保养水源，防风蔽沙，预防水患。祖父还接受青岛林务局局长赫司建议，定

清明节为植树节，规定每人在清明节植树纪念。1914 年 9 月 1 日
又颁布了《狩猎法》，目的在于保护珍禽异兽，维持生态平衡。

　　祖父在公布了一系列开发保护土地农林资源法规的同时，倡
议开办棉、糖、林、牧试验场，并制定和颁布了试验场的暂行规
则和建立试验场的规划，计划在河北、湖北、江苏举办三个棉业
试验场，在福建、江西办三个试验场，在黄河、扬子江、珠江三
大水系地带办三个林业试验场，在北京附近办两个种畜场。

　　祖父设计"立法"蓝图时就认识到，疏通和建立生产与市场
的脉络，有效地建立内外贸易的纽带，是推动市场经济和市场交
易的必要保证，为此主持制定和颁布了有关统一度量衡、统一国
币铸造权的条例，以及在市场经济中起桥梁作用的《商会法》。

　　民国之初，我国度量衡没有统一的标准法度，种类繁多，使
用混乱。祖父召集派往各国考察度量衡的人员，"群集讨论，博古
考今，融贯中外"，结合世界贸易度量衡使用标准和我国民情习
惯，最后决定两制并用，即营造尺库平制与万国权度通制。1914
年 3 月 3 日颁布《权度条例》，第一条规定："权度以万国权度工
会所制定铱铂新尺、新斤原器为标准。"第二条："万国权度通制，
长度以一新尺（公尺）为单位，重量以一新斤（公斤）为单位。"
统一了全国度量衡的使用标准，使我国度量衡"依据精确，计算
简明，比例简切，科学便利"，为国内外所称誉。

　　《国币条例》统一国币铸造权（专属于政府），固定银元成色，
控制海关洋厘，有利于对外贸易往来。当时海关税率，以银两为
计算单位，而实际又以银元支付。市场上银两与银元的差价时涨
时落，完全操纵在洋人手里，不利于我国贸易的发展。祖父在国
务院会议上提出，要果断地采用统一的银本位制，并强调："改定
币制，增加通货，庶几有实业之可言"，"窃以为今日之计，惟有
确定中央银行，以为金融基础，又立地方银行，以为之辅"。

　　《商会法》第一条："本会所谓商会者，指商会和商会联合会
而言。"第二条："商会和商会联合会得为法人。"第三条："各省
城、各商埠及其商会繁盛之区域，得设立商会。"《商会法》中，
按"商会"和"商会联合会"的不同职能，分列第二章和第三章，

设文规范，尤为科学。我有幸在中华全国工商业联合会工作多年，我国商会（亦名"中华全国工商业联合会"）对"商会"（指总会）和"商会联合会"（地方商会）既相辅相成、又有不同职能的特点，尚无明确的认识，因而疏于改革，对商会工作的推进是不利的。

为吸收西方国家先进经验，祖父聘请中外法律专家参与工作，组织人员到各地做大量调查工作，制订草案，反复修改，正如他所谈到的："其斟酌既不厌其详，推行之自能有利。"

1913 年 10 月至 1915 年 9 月两年中，祖父主持制定、颁布的有关法律、法令、条例等有：

公司条例	权度条例	森林法
公司注册规则	权度营业特许法	造林奖励条例
公司保息条例	国币条例	植棉制糖牧羊奖励条例
矿业条例	劝业银行条例	渔轮护洋缉盗奖励条例
矿业注册规则	典当业条例	公海渔业奖励条例
商人通例	证券交易所法	狩猎法等
商业注册规则	国有荒地承垦条例	
商会法	边荒承垦条例	
商会法施行细则	观测所官制	

经济立法，对当年我国方兴未艾而又困难重重的民族工业的兴起，起到了很大推动作用。张兰馨教授述及，从注册公司数字来看，1912 年至 1914 年为 99 家，1914 年至 1918 年为 377 家，四年之间，增加了三倍，资本额增加了五倍。纺织工业、面粉工业、缫丝工业、矿业等都得到快速发展。1915 年至 1918 年，对外贸易出口额有所增加，入超大量减少，那几年被视为我国民族工业发展的"黄金时代"。《中华实业界》报道："民国政府厉行保护奖励之策，公布《商业注册条例》《公司注册条例》，凡公司、商店、工厂之注册者，均妥为保护，许各专利。一时工商界踊跃欢忭，咸谓振兴实业在此一举，不几年而大公司大工厂接踵而起。"

　　袁世凯劝说祖父入阁的主要目的是为其支撑门面，但他野心未泯，蓄意复辟帝制，1913 年 11 月 4 日，袁世凯下令解散国民党。11 月 7 日，梁启超和祖父一起谒见袁世凯，提出必须"维持国会"的意见，袁世凯阳奉阴违，1914 年 1 月 10 日正式下令解散国会。后又逼迫熊希龄辞去内阁总理职务，并派其心腹杨士琦询问祖父是否与总理"同进退"。祖父明确回答："就职之日，即当众宣言，余本无仕宦之志，此来不为总理，不为总统，为自己志愿。志愿为何？即欲本平昔所读之书，与向来究讨之事，试效于政事。志愿能达则达，不能达即止，不因人也。"章开沅教授就此事谈道："应该认为，这番话是真诚的，张謇不是政客，更不是官迷，他一心一意只想发展实业、教育。就任农商总长还不过数月，如果不做任何革新的努力即撒手归去，那是不符合张謇志趣的。"但袁世凯野心勃勃，祖父时时保持一定的戒心，进退坦然。祖父曾写信给袁世凯，借用苏东坡的话"操网而临渊，自命为不取鱼，不如释网而人自明也"，劝告袁世凯不要恢复帝制。

　　1915 年春，袁世凯不惜与日本就"二十一条"进行最无耻的政治交易，3 月 3 日祖父十分愤怒地提出辞职。7 月，袁世凯的帝制阴谋更加公开化，8 月 16 日祖父再次请假南下，正式辞职，离开了北京，和袁世凯脱离了一切关系。之后，祖父最不愿看到的政局动荡、军阀混战愈演愈烈，直到不可收拾的境地，严重影响了国家安定。但祖父并未气馁，回到南通，继续致力于他开拓的"地方自治"事业。

　　祖父年谱记载："1915 年十一月二十六日，闻改元洪宪，叛迹益露矣。""1916 年四月，闻袁病剧。""五月六日，闻袁病卒。"祖父在日记上写了一段话："三十年更事之才，三千年未有之会，可以成第一流人，而卒败于群小之手。"

通商开放

宣统元年（1909 年），祖父在江苏省谘议局演讲时说："一个人办一县事，要有一省的眼光；办一省事，要有一国的眼光；办一国事，要有世界的眼光。"他在农商总长任内，为求世界棉业原料的平衡，为促进世界以及我国棉业的发展，撰写了《商榷世界实业宜供求统计中国实业宜应供求之趋势书》，其中谈道："鄙人之为此书，为世界民生大计，无国界，而义有其所自始"，并进一步论及，世界上任何国家在经济、民生各方面都是相互联系的。他引用了我国和世界各国的大量数据，说明了这一点，并深有感触地写道："夫世界果不欲趋向大同，不欲以中国为市场，不欲中国发展供给各国之原料，则亦已矣；如其欲之，中国内地风气尚未尽开，资本又不充裕，试问舍世界各国经济互助，有何别法？互助之道无他，即合各国之利病共同视线一致者。……以世界公例论，一国之工业与其农产，无不谋供求之相应，无不以其国产为主要。……实业经济不能互助，大者或酝酿至碍东亚之和平，碍东亚之和平，其为世界之大患所不必言。"在那个年代，中国正备受封建主义和帝国侵略双重之害，祖父能从事物的本质、辩证关系，以及现实的需要出发，提出对外开放、加强世界各国经济文化交流的主张是十分可贵和重要的。

1913 年 12 月 14 日，祖父在《筹划利用外资振兴实业办法呈》中写道："以振兴实业为挽救贫弱之方，又以开放门户、利用外资为振兴实业之计。"措施主要有三方面：一是合资，"此为利用外资最普通办法，凡利害参半之事业用之，盖有利与外人相共，亏损亦然"；二是借款，"凡事业之确有把握者用之"，但用款时，应"注重其借款之担保品及契约条件……不可轻准商民借用外款"；

三是代办，"凡先难后易而可以永久获利之事业用之"，有关细则十分详尽。

1914 年 1 月 30 日，祖父以全国水利局总裁的身份，首先和美国红十字会签订 2000 万美元的导淮借款合同，承担美国红十字会借款的，实际是美国李·希金苏公司、保安信托公司、卫脱公司等大资本集团。其后，在祖父主持下，北京政府与美孚石油公司订立了 3500 万美元的借款合同，规定组织中美实业公司，开发陕西省延长油矿和热河省建昌油矿，此事曾引起外界一些"引进外资可能损害民族利益"的非议。实际上祖父对有关问题有全面的考虑，他在任农商总长之始，就告诫同仁们，"加以自今而后，经济潮流，横溢大地，中外合资营业之事，必日益增多，我无法律为之防，其危险将视无可得资为尤甚，故农林工商部第一计划即在立法"，并说："借外债，不可丧主权，不可涉国际。"著名历史学家章开沅教授谈道："张謇的看法是，根据当代发展趋势，引进外国资本与引进外国科技同样为发展本国经济所必须，至于如何维护民族主权与利益，关键在于独立自主而有完善健全的经济立法。"

祖父在农商部时，为进一步开展对美经济交流活动，组织了游美实业报聘团。1914 年夏季，他接受了美国"万国大学联合会"的乙级会员证书，并与该会协商，准备筹拨"美还赔款"（庚子赔款），在南通设立高等师范及机械工科、农事场等。

此外，祖父主持全国各省参加了光绪三十二年（1906 年）在意大利举办的万国博览会。1914 年组织我国商界参加在日本东京举办的大正博览会。1915 年组织全国各省参加在美国旧金山举行的巴拿马国际博览会。我国 18 个省和两个特区提供展品 2000 吨，分设工艺、美术、教育、文艺、农业、园艺、食品、矿产等馆，得到好评。共获得大奖章 57 枚，名誉优奖 74 个，金牌 258 枚，银牌 337 枚，铜牌 258 枚，并获得奖状，在参加展会的 25 个国家中居于首位。博览会也布展了祖父所创办事业的各项成果，经过公认审查，决定授予祖父荣誉大奖凭（Grand Price Diploma）。之后，他又在北京筹办我国国货展览会，我国工商界第一次走向世界。

祖父提倡对外开放、推进国际交流与合作的思想十分明确，并科学地制定战略、战术，力求落在实处，他始终是"有心人"，身体力行。光绪二十九年（1903 年）亲到日本，南自长崎，北到北海道，实地学习考察七十天；1915 年万国水利会在旧金山举行，祖父接到请帖时虽已 62 岁，但很想亲自出席会议，实地考察。正如父亲当年所说："老当益壮，那舟车海洋跋涉之苦，不足减我父爱国的忠勇和决心。"祖父向政府提出《自请游美呈》，却被袁世凯别有用心地加以阻挠，未能成行。

祖父还尽力推动国内商埠、港口的开辟。我国自甲午战败，与日本签订《马关条约》后，台湾等被割让，大门洞开，主权丧失。帝国主义侵略者不仅在我国境内办厂，同时在长江沿江如苏州、杭州、重庆、沙市等城市设商埠，开港口，使我国物财外流，经济实力大大削弱。因此祖父极力呼吁尽快建设我们自己的对外商埠和港口，以保护我国的权益。

早在光绪三十二年（1906 年），祖父即呈请将通州的天生港自辟为商埠。他任农商总长时，派出专业人员，分东西两路，对北方八个地区的地理、物产、交通、工商业等情况进行了详细的调查和论证，呈报政府批准，将归化、多伦诺尔、赤峰、张家口、洮南、辽源、葫芦岛、龙口八个城市辟为商埠，两三年中先后建成，为促进我国北方地区的经济发展、扩大对外贸易发挥了积极的作用。他还相继应地方的申报，通过调查论证，经政府批准，先后筹建湖北宜昌、上海闸北及张华滨、广东番禺大沙头、新会冈州、中山香州等商埠，他在任职期间，筹设商埠二十多处。

吴淞港位于长江出海口和上海黄浦江出口交汇处，又紧临上海，战略地位十分重要。祖父曾谈道："吴淞之名震于海外者久矣，外人有不知陕西、甘肃等省所在，而未有不知吴淞者。则以吴淞为吾国第一'口岸'，于水为长江门户，于陆为铁路终点，而又位于上海租界之前，宜为世界所瞩目。"他进一步谈到吴淞的优势和开埠的必要性："今者海舶吨增，不能入浦（黄浦江），非就吴淞筑港，无以利国际运输。淞沪相隔不足九英里，汽车、电车顷刻可达，例如伦敦、曼切斯德、纽约、旧金山、汉堡……各埠，面积纵横数十英里，而淞沪合一势所必至。"祖父又从另一方面考虑，上海自从与外人订约开为租界以后，工商业有很大发展，市政面貌也有很大的变化，已成为中国最大的市场、最大的城市，也是世界上人口最多的城市之一。祖父在《督办吴淞商埠就职宣言中》中谈道："自欧战停后，世界商战将在中国，中国形便，必在上海。"这是很有远见的。他认为我们要有志气，迟早要将上海租界收回来。但就当时情况而言，应该从实际出发，做好我国可以做好的事。吴淞主权是我们的，与上海市区相接，唇齿相依。吴淞港口吃水很深，应因势利导，强化与上海大市场的联系，必然能建设成为世界大港口之一，因此绝不可失去开辟吴淞商埠、港口的良好时机。

因此1920年底，当国民（北京）政府宣布"特派张謇督办吴淞商埠事宜"时，祖父立即赶赴上海吴淞进行调研，在短时间内，建立吴淞商埠市政筹务处，组成测地绘图工作班子，完成测绘任务，拟定了公路、电车建设和线路铺设计划，后由江苏省派员同上海道会勘。

祖父带领职工、技术人员就地反复进行考察、调查，收集大量资料，包括国外的资料，经过两年的时间，完成《吴淞开埠计划概略》。对如何起好步，祖父谈了三点："第一步测绘精密地形，将全埠道路、河渠位置，预为规定，如弈者之先画棋盘；第二步考证各国建设商埠陈规，拟为分区建设制度，如弈者之布一局势；第三步以所拟分区制度，征求公众意见，认为妥善后实行，如弈者度必胜之势，而后下子。"

但吴淞商埠建设尚未全面展开之际，却遭遇了难以逾越的困难。就地理位置而言，吴淞在上海东北角，但按当时的行政区划，吴淞隶属江苏省，特别是由直系军阀控制。由于利益驱使，上海闸北区代表地方绅商利益的沪北工巡捐局，反对吴淞开埠计划，反对吴淞商埠拥有沿浦江岸开发使用权。当时，在吴淞起主导作用的淞沪护军使何丰林虽然多年来与祖父有一定交情，但当涉及本身的利益时，却偏向、支持地方反对势力，当祖父向他反映有关问题时，他劝说祖父"以舆论为重，作出退步"。祖父向政府汇报，要求按总体要求处理，但政府回避矛盾，不置可否。1923 年，祖父已深感吴淞开埠规划难以实施，不得不向政府提出撤销的建议，并明确提出："局倘不裁，謇亦决去。"

　　20 世纪 20 年代，实现吴淞开埠、将吴淞港建设成为我国最大的港口是祖父当年为实现中国现代化的另一个"梦想"。他集中精力，做了大量调查、研究工作，学习国内外有关知识，制订了详细规划，但军阀专权和落后的地方主义两堵厚墙挡住了他前进的道路，吴淞开埠成为泡影。这是祖父的不幸，也是国家的不幸。

地方自治

在祖父的一生中,地方自治事业是他用力最勤和成就最大的事业。

筹建大生纱厂,是祖父实现"实业救国,教育救国"志向的起步,也是他实现中国早期现代化,推行地方自治实践的开始。1916年,他坚决彻底地离开了官场,将全部精力集中于搞好地方自治。父亲曾说:"我父脱离了政治舞台,立即回复他的田野生活。他在精神上对于国家前途的失望,达到了极点。在前清时代,看了政治腐败认为没有希望。到了民国原想大家一反所为,励精图治,哪晓得结果也仍然没有希望。这当然不能怪共和国体仍旧不能有所作为,实在是袁(世凯)的心地行为,完全仍是不脱专制官僚的习性,所以弄到政府依然和人民的利益隔绝得很疏远。我父到北京二年多,回来以后,越发坚定了他经营村落的决心。"祖父十分感慨地谈道:"今人民痛苦极矣,求援于政府,政府顽固如此;求援于社会,社会腐败如彼。然则直接解救人民之痛苦,舍自治岂有他哉。"

祖父以实业、教育、慈善作为地方自治规划中的三大支柱,他在谈到三者之间的关系时说:"举事必先智,启民智必由教育;而教育非空言所能达,乃先实业;实业教育既相资有成,乃及慈善,乃及公益。"1921年,祖父在致南通县长的一封信中明确谈道:"查地方自治,以进增社会之能率,弥补人民之缺陷为其职志。而进行之事业,属于积极之充实者,最要为教育;属于消极之救济者,最要为慈善。教育发展,则能率于以增进;慈善周遍,则缺憾于以弥补。"因此决定,首先从经济发展、文化教育入手,推进地方自治,促进区域现代化。

在兴办实业方面，祖父继首办大生纱厂取得成功后，计划共办八个厂，实际开办了大生二厂、三厂、八厂，大生纱厂后改称大生一厂。到1924年，四个厂资本总额770余万两，纱锭15万枚，布机1500余台。为给纺织企业建立原料基地和开发黄海边滩涂，祖父以通海垦牧公司为主，先后兴办了三十多个垦牧公司，1934年棉花产量达到1082000担，占全省的58.87%。重工、机械工业方面，兴办了资生冶厂、资生铁厂、大陆制铁公司等。轻工业方面，兴办了阜生蚕桑染织公司、复新面粉厂、广生榨油股份有限公司、大达公电机碾米公司、通燧火柴公司、颐生酿造厂等二十多家企业。交通运输业方面，从宣统元年（1909年）起，不到十年，陆续建立了经营内河航运业务的大达小轮公司（即大达内河轮船公司），经营长江航运业务的大达轮船公司和相应的上海大达轮步公司（码头）、泽生外港水利公司、大中公行（大中驳船），以及与运输配套的大储堆栈打包公司等。商贸和房地产方面有通海实业公司、新通贸易股份有限公司、南通绣品公司、懋生房地产公司、大有房地股份有限公司等。金融方面有淮海实业银行、大同钱庄等。我前文曾提到，我国著名的历史学家吴承明先生著文叙及，"实业"一词实为祖父所创，包括经济全面发展中，农、工、商贸、金融、交通、运输等各种重要事业。

教育方面，祖父继创建我国第一所师范学校"通州师范学校"后，又相继创办了女子师范学校以及与之相配套的附属小学校等。二十多年中，祖父创建了包含基础教育、高等教育、职业教育、社会教育、特种教育在内的完整的教育体系。

慈善事业方面，光绪三十一年（1905年），祖父举办了第一个育婴堂，收留的婴儿多数是家庭困难无力抚养的，也有部分弃婴。1913年创办了狼山盲哑学校，学生多为盲哑儿童，既学文化，又学技能。1929年，该校有58件展品在西湖博览会上展出，受到中外人士的称赞。1913年、1920年、1922年分别兴办了第一养老院、第二养老院、第三养老院。院内供养良好，环境优美，有草地树木，空气新鲜。按照老人年龄、体力的不同，适当安排力所能及的工作，如缝纫、制鞋、拣菜、清洁卫生等。院中聘有热心公益的医务人员为老人诊治疾病。1914 年，兴办了贫民工场，专门教授生活无依靠的贫民子弟各种手艺，使他们有一技之长，能独立谋生。还举办了南通残废院，以收留游民为主的南通栖留所，教育妓女、为其谋出路的南通济良所等。对监狱进行改造，使犯人得到人道的待遇。

祖父为发展社会事业，为人民谋福利，提高人民的素质，还倡议并亲手创办了博物苑、图书馆、剧院、伶工学社、出版社、刺绣学校、公共体育场等一系列社会公益事业。

光绪二十九年（1903 年），祖父从日本考察回来，经过一定时间的酝酿，光绪三十一年（1905 年）连续两次上书，即《上南皮相国请京师建设帝国博览馆议》和《上学部请设博览馆议》，建议创办博物馆，明确地阐明博物馆的作用和意义："夫近今东西各邦，其所以为政治学术参考之大部以补助于学校者，为图书馆，为博物苑，大而都畿，小而州邑，莫不高阁广场，罗列物品，古今咸备，纵人观览。"他强调博物馆是学校教育的补充，是社会教育的重要组成部分，但他的建议未被朝廷所理解和接受。失望之余，祖父决定依靠自己的力量筹备建馆，以个人财力购地 35 亩，建立了中馆、南馆、北馆、东馆四个陈列馆。南馆楼上阳台两边悬挂着祖父手书点题的一副楹联："设为庠序学校以教，多识鸟兽草木之名。"祖父率先将自藏文物捐赠给博物苑，十年内，征集文物标本 2973 件。苑内除用于陈列展览的建筑外，还按园林布局造了假山、亭榭、荷池。临河有藤东水榭。假山旁有国秀坛，坛内栽种牡丹、芍药。竹林中还有一个例外竹坛。中馆前有药坛，种植中草药。西北部有花竹平安馆。西南部有秋色坪，种植秋季花草。东南有水禽池，饲养水禽。北部有小型动物园，有白鹤、孔雀、豹、熊、虎等。它是博物馆与植物园、动物园的结合，所以名为博物苑。1956 年，我国召开第一次全国博物馆工作会议，文化部副部长郑振铎在开幕式上说："中国博物馆事业的历史并不太久，第一个公共博物馆，除帝国主义者在沿海地区所办的几处之外，要算张謇办的南通博物苑了。"

1912 年，南通图书馆也应运而生，是祖父改建城南东岳庙而成。初期藏书 13 万卷，其中祖父捐赠 8 万卷。建设资金"先后凡用银二万六千二百四十三元，岁用之银二千四百元或强。皆謇任之"。祖父深有感触地谈道："謇诚不敏，诚薄劣，妄欲甄集泰西（西方）旧新有用之书十万册，延我熟精泰西诸国文字之士数十人，尽十年二十年之岁月，择要迻译，以证通我六经诸子之说，以融德艺，以大启我后进。"祖父为了学习借鉴西方经验，不惜用重金自国外买来十万册外文书籍，并聘请精通中文的外国人士择重点译为中文，供他学习阅读，坚持几十年。

祖父历来对中国的志书（地方志等）十分重视，认为志书包含历史、地理、文化等广泛的知识和学问，既是史书的一类，同时对地方的发展有重大的作用，是一种很伟大的著作。祖父强调，单能写文章而没有史地识见的人不能写好志书，对史地有研究而文章写不好的人，同样不能写好志书。他曾修著过太仓、赣榆、东台各州县的地方志，全面修订了《南通新图志》，并定下规矩，志书与日月同行，必须持之以恒。他还收集了全国 240 个县的地方志 5063 卷，移赠南通图书馆。

祖父认为社会是一个大家庭，需要安稳，需要和谐，需要团结，需要浓厚的文化气息。大力、持久地推进社会进步和社会改良，是搞好地方自治的必由之路。在加强正规教育的同时，要优化社会环境，使人民在潜移默化中不断提高自己的精神境界。

1916 年，祖父又酝酿筹办戏剧学校"伶工学社"和剧社"更俗剧场"，因为他认为"教育以通俗为最普及，通俗教育以戏剧为易观感"。父亲孝若公说过："父亲认为改良社会要从各方各事下手。尤其对人民习惯最近、观念最易的地方，应该设法改良、引导，格外容易收效果。想到戏剧一层，在社会上号召力量最大，感化的习惯也最快最深。"祖父在注重戏剧社会功能的同时，也十分关注戏剧本身给人带来的美感，他说："戏剧本身固然要注意社会教育，然而要提倡美的艺术，尤为最高最后的目的。"但祖父缺少卓越的人才。直至 1919 年，湖南人杨微生向祖父推荐和介绍从日本回国、在南方极负盛名的戏剧大师欧阳予倩。祖父立即邀请欧阳先生来南通相见，与之商淡办学等事宜。交谈后，祖父对欧阳先生有所了解："予情文理事理皆已有得，意度识解，亦不儿俗，可任此事。"进一步相商后，立即请欧阳予倩先生和薛秉初经理经朝鲜东渡日本，考察东京帝国剧场等设施。两人还多次走访了日本舞台顾问小山内氏。9月中旬，我国第一所新型、正规的戏剧专门学校"伶工学社"开学了，祖父任董事长，父亲张孝若任校长，欧阳予倩任主任，全面主持校务工作。伶工学社是我国戏剧教育的里程碑。此后，更俗剧场也于11月1日落成。

在伶工学社开学典礼上，欧阳予倩明确宣布办学宗旨："是为利：会效力之艺术团体，不是私家歌僮养习所"，"要造就改革戏剧的演员，不是科班"。他还说："我把一切科班的方法打破，完全照学校的组织，用另一种方法教授学生。"课程设置方面，文化课与戏剧课并重。文化课开有国文、历史、地理、英文、音乐等；艺术修养课有艺术概论、中国戏剧流派，以及莎士比亚、易卜生、托尔斯泰、菊池宽等外国文学家的作品赏析等。教学方面，完全按学校的组织、要求施教，尊重学生，强调启发教育，废除旧式科班中的契约和打骂制度，开一时之新风。欧阳予倩主任除主持伶工学社全面工作外，还亲自授课。"据南通老人回忆，欧阳予倩来南通后，努力改革旧戏，创造新腔，配置钢琴，聘用新式音乐教师，引进西洋交响乐。演出时，演员不用艺名，不跳加官，磕头不抛垫子，台上不喝茶，不用真刀真枪。观众不准吃瓜子，不准怪声叫好，不准随便扔瓜子壳、果皮，也不准茶房任意丢毛巾。这些改革确实为戏剧界带来了新的风气与新的活力。"

祖父历来主张无论哪一种职业，凡优秀人才，都应该站在一起加强合作。"中国艺术方面，总得优秀分子集合起来，协力改进，方能昌盛。"当时的京剧界，梅兰芳为北派魁首，欧阳予倩为南派泰斗，更有必要携手共进。为此，祖父用心良苦地建立了梅欧阁，使梅兰芳和欧阳予倩相会在南通，同演于更俗剧场，同聚于梅欧阁，共商戏剧改革和发展戏剧教育。当年不仅两位大师，许多名演员如王凤卿、余叔岩、姜妙香、谭小培、谭富英、小翠花、盖叫天、小三麻子、姚玉芙、琴雪芳等都应祖父的邀请，来南通更俗剧场演出。1920年，程砚秋曾受梅兰芳之托，到南通演出，为伯祖父祝寿。梅欧阁是祖父与梅兰芳、欧阳予倩深厚情谊的结晶，也代表着他对二人以及许多优秀人士的期望。

我国著名戏剧家马少波 1990 年曾在南通留下这样的名言："南通最高的是狼山，是广教寺，但它们再高也没有梅欧阁高。梅欧阁是三位大家的佳话，它表现了两位艺术家和实业家的深情交往，它在国内外都有着深远的影响。"

2003 年，欧阳山尊先生夫妇、梅绍武夫妇到南通，与我二姐柔武相聚在重修的梅欧阁，共同缅怀祖父与梅兰芳、欧阳予倩两位大师当年的情谊，虽然已经过去 83 年了，但他们高尚的情操永远留在我们后人心中。

为发展出版事业，光绪二十八年（1902 年），祖父发起创办了翰墨林印书局。光绪三十一年（1905 年），朝鲜著名的爱国主义者、文学家、史学家金泽荣来到我国，投奔祖父，祖父聘他为总编校。

为发扬推广我国具有千年传统、独有的刺绣艺术，1914 年，祖父创办了，我国第一所培养刺绣人才的专门学校"女工传习所"，艺术大师沈寿女士任所长。她亲绣的《耶稣像》荣获巴拿马国际博览会一等奖。1920 年祖父创办南通绣织局、南通绣品公司，在美国纽约第五街设立南通绣织局分局和南通绣品公司分公司，将苏绣推向世界。

地方自治对祖父来说，绝非一时头脑发热。祖父做任何事情，都有明确的指导思想和客观科学的实施规划。地方自治的根本目的是要使人民生活得美好、幸福，因而祖父首先考虑环境的保护和建设。他构思"一城三镇"的总体布局，筹划既发展经济，又保护南通的古城风貌和自然环境。

一城，以濠河围绕、树木茂盛的古城为中心，建设地区、城镇的政治中心、文化中心、教育中心。

三镇，指唐家闸镇（工业区）、天生港镇（港口动力区）、狼山镇（风景休假区）。唐家闸镇在城的正西方向，与城相距约六千米，处于城市下风地带，运河穿行而过，定位工业区；天生港镇在城的西北方向，离城约六千米，沿长江岸边，与唐家闸镇配套，有港闸河相连，定位港口区；狼山镇，在城的正南方向，离城也有六千米，有狼山、军山、剑山、马鞍山、黄泥山五山，沿江呈弧形展开，"苍松翠柏，山水相映"，是长江北岸天然风景区。

郑弘毅教授曾谈道："翻开城市区域规划史，最早的、最有权威的规划思想家霍华德（Ebenezer Howard）跟张謇是同时代的人。19世纪末叶，霍华德根据英、美工业迅速发展，工业资本家在农村建设大工厂并结合建设新的社区等情况，提出了'田园城市'的理论，并用三种磁力（城市、农村、城市——农村）的图解来论证把新城建在旧城正常的通勤范围以外，接近农村，有很多的优点。霍华德著书立说，但本人并没有亲手设计建设一座城市。无法考证张謇在南通建设唐闸、天生港和狼山三镇时，有否受到霍华德思想的影响。根据当时信息和技术情况，不大可能这样快传入中国。而且事实上张謇在唐闸建大生纱厂是1895年，比霍华德'田园城市'理论的提出还早三年。"我国两院院士吴良镛也感慨地说："在思想上、历史条件远远落后于西方的情况下，张謇建设的南通，与霍华德所经营的新城莱奇华斯（Letchworth）与韦林（Welwyn）时间相若，虽途径并不一致，在内容与规模上竟能媲美，这不能不说是奇迹。"

基础设施是关系城市生活的另一个重要因素，通海地区濒临长江北岸，祖父聘请荷兰、瑞典、美国等国水利专家，经多次的勘探、设计，采用塘柴木垫沉石筑楗保坍法护岸护坡，保持岸线的稳定，为城市发展建设，也为建立港口打下了基础。

光绪三十一年（1905年），修建了天生港至唐家闸的港闸公路。宣统二年（1910年），祖父个人捐款修建了城闸公路。1912年完成了城里至狼山的城山公路，1913年又完成了城里到天生港的城港公路，全城公路网络基本完成。祖父向美国购买了十辆公共汽车，行驶于城镇之间，据有关地理书籍记载，1913年长沙到湘潭的公路是我国最早的公路，实际上港闸公路比湘潭公路早了八年。1913年南通建立大聪电话公司，南通城与海门、崇明、东台、盐阜等纱厂、盐垦公司之间都可通邮、通电话。宣统元年（1909年），祖父创办了南通电灯厂，开始用电灯照明，现在虽看来十分平常，而在 20 世纪初，苏北平原还未知电力为何物。1913年，祖父在军山筹建气象台，在南门设气象预报台。建成后，每天通过有线电台与上海徐家汇气象台通电两次。铁路也是祖父十分关切而重视的问题，他强调，"交通素极困难，非有铁道以为之枢，则面积十万方里，居民五百万户，永无兴奋之望"。祖父曾为陇海铁路终点的确定四处奔走，大声呼吁，建议修到南通并提出线路："而徐塘、而宿迁、而泗阳、而淮阴、而淮安、而盐城、而东台、而如皋、而南通、而海门、而崇明。"但当年在邮政部供职的沈云沛（海州人）主张修到海州。最后终因意见冲突、人事关系和经济条件等因素，祖父的愿望未能实现。

城镇大的布局确定以后，正如吴良镛院士所比喻的，祖父"以一种诗人的情怀经营城市"。为使人民安居乐业、劳逸结合、幸福快乐，他修建了东、南、西、北、中五公园。祖父形象地描述："五山以北五公园，五五相峙。"

祖父倡导和实行地方自治是从经济文化入手的，但根本的落脚点还在于法制和民主。他三十多年的努力奋斗，勤奋经营，"无疑奠定了南通区域现代化的物质和思想基础"。但在政治方面，地方自治也是为了给国家打下"立宪的基础"，虽然这与真正的、近代意义上的人民自主自决、积极参政的地方自治是有差距的。

父亲在美国留学时，"就感觉到民治事业的维持永久，一定要大家负起这个责任"。他 1918 年回国后，向祖父谈了自己的看法："南通事业我家只能处于领导开创地位，要他发展和永久，还是要使地方上人明白这些事业不是一人一家的，要大家起来努力，我家也应该给他们一个机会，由参与而后接办下去，就主张组织一个县自治会。曾经有人到过南通回去说：'南通是倒置的金字塔'，他的意思是说难乎为继有点不稳，我想这么多的地方事业，靠着一人一家确是不稳，那么，要他稳，要这金字塔正置过来，也只有照准我这条路走去，因此我创立县自治会的主张，更加坚决，更加积极。"祖父认为父亲的意见有一定的合理性，但他主要对"民智""民识"信心不足，起先不太赞同，经过父亲努力宣传，说动各方，1920 年，南通县自治会正式成立。在袁世凯取消民治团体以后，第一个人民自发组成的团体成立了。父亲在县自治会成立大会上演讲时说："吾南通人民自动自决自卫之精神，十分强固，所以在此最短促时期之中，遂产生此光明灿烂之自治会。……前者人之责望南通，不过一二人志愿之成绩，今则人之责望南通，将进而为百二十万人事业之成绩。……决心要少说空话，多做实事，所说之话，须百二十万人人人所欲言；所做之事，须百二十万人人人所欲为。"父亲把南通地方自治事业提到一个新的高度。在中国基本处于军阀混战的情况下，南通出现了民主政治的先声。

　　1922 年，祖父 70 岁，他将各种事业总结整理成一份《二十五年自治成绩报告》，欲结合实绩展览，举行报告会，后因风雨大灾，为节省财力而决定缓开。他在给政府的呈文中说："此非常之灾不能御，宁得谓自治？宁堪报告？是又不得不展缓之义也。展至民国十六年地方自治三十年时，再行开会报告。"1926 年，祖父去世，未能实现这一愿望。

金石相助

　　祖父在推进我国文化事业的发展和革新中，有三位大家，梅兰芳先生和朝鲜的金泽荣先生、我国苏州的沈寿女士给予祖父很大的帮助，同时祖父与他们建立了深厚的友谊，值得我们永远怀念。

　　祖父初识梅兰芳，是在他于北京任农商总长兼全国水利局总裁期间。1914年10月6日晚，祖父应梁启超的邀约到天乐园观赏梅兰芳的表演。演出结束后，他与梅兰芳进行了短时间的交谈。祖父十分欣赏梅兰芳的演艺和气质，集庚信文成八言联相赠：

　　　　豫章七年，芳兰九畹；
　　　　明珠六寸，玉树一丛。

　　之后，祖父从友人沈雨林处听到梅兰芳的祖父梅巧玲许多感人的轶事，十分钦佩，对梅兰芳更为关注。

　　1915年7月28日，祖父又往观梅兰芳演出，并赋诗一首相赠：

　　　　京师乐籍噪青衫，家世同光溯至咸。
　　　　歌彻碧箫莺欲哑，舞回红绶凤教衔。
　　　　千人得笑都成趣，一艺传名信不凡。
　　　　已幸品题归士类，姓名应付五云函。

　　这是祖父赠给梅兰芳的第一首诗，此后，祖父几乎每观一剧，即赋诗一首，一时传为佳话。

1916 年 10 月，梅兰芳到上海演出，祖父正在上海。27 日，祖父借友人住宅设宴款待，赴宴会的还有王凤卿、姜妙香、姚玉芙等。他观看了梅兰芳的演出，十分赞赏，同时就一些细节与梅兰芳商榷，如《黛玉葬花》中看西厢的一段，祖父提出："黛玉接口说有趣一句可去。黛玉口中只可说文章好，即令宝玉重问有趣与否，黛玉也只说文章好，似合身份。其黛玉心中以为有趣，只在微笑中露出，剧情似尤超妙。"以后，祖父对梅兰芳大师演出的《盗盒》《霸王别姬》《洛神》等都提出一些商榷意见，对《洛神》，从说白、舞蹈、场面到道具，谈得尤为详细。祖父观看梅兰芳的表演十分专注，梅兰芳对祖父高尚的品德、广博的学识十分钦佩，更为他对青年人真诚的关怀所感动。

祖父和梅兰芳的友谊与交往，是建立在相互尊重的基础上的。

祖父赞赏梅兰芳洁身自好的品质："来往旬日，间日与谈，尤解人意，察事物情，殊可喜慰。"对梅兰芳的学习、生活以及社交等，多次提出中肯的意见。

梅兰芳在上海的演出获得极高的赞誉，祖父写信给他说："众人极赞浣华之时，即老夫极惜浣华之时。意欲浣华自今即每日学画梅花。……三五年后，盼浣华专事于此。""浣华"是祖父为梅兰芳取的字，乃从北朝宫嫔之官婉华、唐代诗人杜甫之浣花中各撷一字而成，希望梅兰芳"始于春华之妍，而终于秋实之美也"。祖父叮嘱梅兰芳在上海的演出结束后，立即北归。祖父所虑，上海十里洋场，风气极坏，社会复杂，非演艺人久留之地。

1919 年 1 月祖父致函梅兰芳："亦愿子艺术之余，留心经济，俾有归宿。若老谭（谭鑫培）以七十翁犹演猪八戒翻筋斗者，良所不取也。"1920 年 3 月致函："子可试学为诗，只须说出意思，五言、七言、长短句皆可，平仄不调、音节不合，吾为子改，勿自馁。骏足千里，自此始也。"

祖父知道梅兰芳与梁启超先生结交并互有来往后非常高兴，对梅兰芳说："适任公（梁启超）告我为之细书妙曲，子能择人而友，尤见长进，可喜也。"1919 年，祖父请薛秉初先生、极负盛名的戏剧大师欧阳予倩先生同赴日本东京进行考察，在很短的时间内在家乡南通建成新型的剧场"更俗剧场",邀请梅兰芳、欧阳予倩首先共同示范演出。同时,祖父为纪念他们为京剧事业的发展和改革作出的贡献,勉励他们在各树一帜的情况下加强团结合作,在更俗剧场内,精心设立了梅欧阁。祖父为梅欧阁写了一副对联:"南派北派会通处,宛陵庐陵今古人。"借用梅圣俞(宛陵)、欧阳修(庐陵)暗切梅兰芳和欧阳予倩的情谊和合作,并写诗一首:

> 平生爱说后生长,况尔英蕤出辈行。
> 玉树谢庭佳子弟,衣香荀坐好儿郎。
> 秋毫时帝忘嵩岱,雪鹭弥天足凤凰。
> 绝学正资恢旧舞,问君才艺更谁当。

梅兰芳在《舞台生活四十年》中谈道:"我刚跨进去,抬头就看见高高悬挂着一块横匾,是'梅欧阁'三字,笔法遒劲,气势雄健。……这是张四先生(张謇)的手笔,旁边还挂了一副对子:'南派北派会通处,宛陵庐陵今古人',也是张謇自撰自书的。他是借用梅圣俞(宛陵)、欧阳修(庐陵)两位古人的籍贯来暗切我和欧阳先生的。薛经理指着横匾对我们说:'这间屋子四先生说是为了纪念你们两位的艺术而设的',我听了顿时惶恐万状,那时我年纪还轻,艺术上有什么成就可纪念呢? 这是他有意用这种方法来鼓励后辈,要我们为艺术而奋斗。我这三十年来始终站在自己的岗位上,认真苦干,受我的几位老朋友的影响是很大的。"

新中国成立,1959 年秋,梅兰芳为祝贺梅欧阁设立四十周年,写了一首长诗表达他深情的祝贺:

> ……
> 四十年前建阁初,客游是邦周览之。
> 忆昔我与欧阳子,后先见招皆莅止。
> 粉墨生涯二人同,笙簧格调诸公喜。
> 有乡先生能赏音,折节交到忘年深。
> 为题小阁挥巨笔,欲使轻才登艺林。

宛陵庐陵两宋贤，托古姓氏以喻今。

……

"折节交到忘年深"，表达了梅兰芳对当年与祖父忘年之交的深深怀念。

梅兰芳大师 1920 年 1 月至 1922 年 6 月三次到南通演出。第一次，祖父派出大和专轮到汉口（梅兰芳在汉演出结束）迎接梅兰芳等到南通，同行的有梅夫人、女公子、齐如山、朱素云、姜妙香等三十多人。梅兰芳在南通连演十一场，他演艺精湛，风靡了全城，祖父更一剧一诗，并亲自陪同梅兰芳参观游览他创办的企业和各景点。梅兰芳临别时，祖父送至城外候亭，梅兰芳献《临别赋呈啬公》诗一首，以表达感谢之情：

人生难得自知己，烂贱黄金何足奇。
毕竟南通不虚到，归装满压啬公诗。

1920 年深秋，三伯祖七十岁生日，梅兰芳特授程砚秋"贵妃醉酒"一剧到南通演出，祖父也赠诗一首："……程朗勉旃师后尘，吾方山隰思莪菤。" 1922 年 6 月，梅兰芳大师第三次到南通，并带去他亲绘的观音像，祝贺祖父七十大寿。

1924 年梅兰芳筹划到美国演出，征求祖父的意见，祖父立即为他拟定一《大要》，共十四条，列举几项：

——宗旨：此行为名为利，须先审定。即云为名，为一人之名？为一国之名？须先审定。为一人之名则助少效薄；为一国之名则助多效大，须审定。
——名称：须能代表一国之美艺。
——须知何剧合欧美人观念心理。
——不宜单用"二黄"。
——同行人须妙选。不易得。同行人下妆须大方，合于上流。化妆须优美。

有人评说，祖父与梅兰芳是"忘年交契金石心"。两人忘年之交时期（1914年至1926年）正是梅兰芳成长的时期，从他们留下的几十封书信和几十首诗中，可以了解到祖父从做人到演艺都给予梅兰芳十分亲切的关怀和中肯的指点。梅兰芳大师一生为人清正，这与祖父的帮助有一定关系。

在发展我国编辑出版事业中，祖父和朝鲜著名作家、诗人金泽荣先生结下了高尚的国际友情。

金泽荣（1850—1927），字于霖，号沧江，出生于朝鲜京畿道开城。朝鲜近代著名的历史学家、文学家、诗人，伟大的爱国主义者。

光绪八年（1882年），朝鲜国内发生了国王李熙的生父李昰应阴谋夺权的"壬午兵变"，祖父随庆军统领吴长庆赴朝鲜平乱后，回国前在汉城停留，有意"访求其国之贤大夫，咨政教而问风俗"。后经朝鲜友人、吏部参判金允植的介绍，结识了文人金泽荣先生。金允植先将金泽荣的两卷诗集送给祖父，祖父在吴长庆提督军营里初次会见了金泽荣，因金泽荣先生不会讲汉语，二人进行了较长时间的笔谈。

金泽荣对这次会晤，曾追忆述及："八月余人都往见季直于吴幕中，季直大为倾倒日：子之诗似晚唐。又日：近体诗绝好。余叩以律功则季直为之，论辩甚妙。盖其年小余三岁，体壮、颜魁、眉宇明快、意气磊落，洵奇士也。"

光绪三十三年（1907年），祖父为金泽荣编撰的《申紫霞诗集》作序，回忆在汉城与金泽荣初次见面时的情景："他日见沧江于参判所，与之谈，委蛇而文，似迂而弥真。其诗直窥晚唐人之室。参判称固不虚。间辄往还，欢然颇洽。"

二人会晤的第二日，祖父赠送金泽荣福建印石三枚、徽州松烟墨二块。金泽荣作《赠张蔷庵季直謇》诗一首，头四句为：

> 黑风吹海声如雷，泰山已没扶桑摧。
> 大地摇荡无昼夜，高帆映月张生来。

此诗表达了他对当年朝鲜时局暗淡的担忧和与祖父相识的喜

悦之情。

祖父离开汉城回国，在金允植家与金泽荣叙别时，挥笔写道："沧江之诗以所见于东方者，此其翘楚也，无更能胜之者。"并感慨地说："东来无所得，得公诗为宝。"

朝鲜"壬午兵变"虽得到平息，但日本侵略霸占朝鲜的野心仍存，光绪二十年（1894年）日本借朝鲜东学党事件，出兵朝鲜，并击败清军，同年发动中日甲午战争，清政府战败并被迫签订《马关条约》，日本公然视朝鲜为属国。光绪三十一年（1905年）日本又强迫朝鲜与其订立《乙巳保护条约》，规定由日本在朝鲜设立统监府，掌握其内政外交权；规定日军驻扎在朝鲜为合法。朝鲜主权尽失，在这样的情况下，金泽荣万分悲愤，决定流亡中国。

时年55岁的金泽荣偕夫人与幼女，同年9月在仁川港登上驶向中国上海的船舶。离开祖国出发前，他写下《九月发船作》诗：

> 沸流城外水如蓝，万里风来兴正酣。
> 谁谓火轮狞舶子，解装文士向江南。
> 东来杀气肆阴奸，谋国何人济此艰。
> 落日浮云千里色，几回回首望三山。

金泽荣抵达上海后，即乘小火轮前往苏州拜见诗人俞樾，说明情况后，俞樾却有难处，未能收留。金泽荣返回上海，前往通海实业公司驻沪账房室求见祖父，祖父十分热情地接待了这位从朝鲜流亡而来的爱国者。金泽荣在他写的《年略》中详细记叙了有关情况："至上海，适遇季直于通海实业帐房。季直欢然相接，问答书达否，且问我国之事。余不之答，但曰：吾人生平区区之学殖皆资于中国之神圣。……今若老死一隅，不一身到神圣之乡，亦岂非负恩之大者乎？嗟乎，吾纵不得生于中国，独不可死于中国乎？季直闻之，益知余意，为之慨然，与叔俨谋为赁一屋于通州南，令校书于翰墨林书局，以得衣食。十月，余遂渡江至通州以居。盖季直数年前，愤中国之挠于列强，用实业之力，以建私校及书局，欲以教育人士，扶持危势……"

祖父也曾记述此事："甲申既归，遂与沧江暌隔，不通音问。阅二十年，忽得沧江书于海上，将来就我。已而果来，并妻孥三人，行李萧然，不满一室，犹有长物，则所抄申紫霞诗稿本也。"

祖父安排金泽荣在翰墨林印书局任编校，并为他租赁一安身房屋。

金泽荣幼年好学，17 岁就通过成均试，19 岁时通读古文，22 岁写诗，在朝鲜文坛声名鹊起。41 岁参加朝鲜的增广成均会试，被破格取为进士。44 岁被提拔为议政府的编史局主事，次年任内阁主事，后又升至中枢院参书官兼内阁记录局史籍课长。53 岁升通政大夫，为弘文馆纂辑所文献备考续撰委员，兼任学部编辑委员，长期从事修史工作。

在通几年后，金泽荣自置住宅于西南营 29 号。其西邻为清初包壮行所建园林"石圃"的遗址，尚留有一棵高大的女贞树，枝叶茂盛阴覆其屋，金泽荣为宅子取名为"借树亭"。日常生活中，他穿韩服，讲韩语，自称"韩侨""韩客""韩国遗民"。金泽荣热爱祖国，怀念祖国，始终如一。

金泽荣一生，文学、史学著作丰厚。诗文类约 17 部，史传类约 14 部，选编类 15 部。他大部分著作的编著和印制出版是在他任翰墨林印书局编校期间完成的。

金泽荣在南通居住 22 年。1927 年，祖父去世的第二年，他长逝于南通。

刺绣是我国具有千年传统、世界上独有的一门极其精致的艺术，苏绣、粤绣、湘绣、蜀绣四大名绣著称于世。

"翘美术为国艺之楚，而绣当其一"，祖父深感刺绣有其独特的艺术性，光彩夺目，给人以无限美好的享受，是中华民族极其珍贵的瑰宝。因此，立意要与发展实业和教育事业一样，大力推进刺绣艺术的发展。

苏州沈寿女士，是清末民初我国著名的刺绣艺术家，创造性地继承苏绣艺术而闻名于全国甚至世界。

沈寿（1874—1921），原名云芝，字雪君，原籍江苏吴县，故居在阊门海宏坊。其父沈椿爱好文物鉴赏，母亲宋氏和长姐沈立都擅长绣艺，沈寿自幼受到家庭艺术气氛的熏陶，喜爱字画和刺绣艺术，童年就在刺绣艺术上显露出过人的才智，"七岁弄针，为姊度线。八岁学绣，姤而悱愤。脱手鹦鹉，豁露文明。十一二窥涉文字，悦喜谣吟，时成一绣，惊动侪辈"。十四五岁已成为绣艺精巧的闺阁名手。光绪三十年（1904 年），慈禧七十岁寿辰，沈寿的先生余觉（字冰臣）将她所绣的《八仙上寿图》通景画屏和《无量寿佛图》委请商部进呈慈禧，慈禧展阅，惊为"绝世神品"，十分高兴，传旨嘉奖，亲书"福""寿"二字赐余觉夫妇，并赐佩双龙宝星商部四等勋章。此后沈寿将本名"云芝"改为"寿"。光绪三十一年（1905 年），清廷商部派沈寿夫妇赴日本考察，沈寿了解了西洋美术、日本刺绣艺术的特色。她经过细致的观摩和研究，归国后，大胆地将西洋画光线、透视等原理运用到自己的刺绣技艺中。正如唐代诗人王之涣所描述的："欲穷千里目，更上一层楼。"沈寿所绣绣品进入了一个新的境界，开创了"仿真绣"，独树一帜，被世誉为"沈绣"。

清宣统二年（1910 年），江宁举办南洋劝业会，祖父担任劝业会审查长，沈寿是绣科审查员。时祖父新得露香园董书大屏，小知真伪，问了许多人，都难以回答。经别人推荐，祖父请教沈寿，"寿展首帧，即日此露香园绣也。问何以知？日以针法知之"。祖父出自内心地佩服："阅世编露香园绣价最贵，所谓画绣也，今已无传其制者。余沈夫人于数百年后，独具真鉴，使是屏声价顿跃起于众人耳目之前。"沈寿不仅"评定湘绣，精确而严正"，而且"自绣山水、人物"，"巧于天工"。她刺绣的《意大利皇后像》在劝业会上获得了一等奖，第二年，在意大利都郎（都灵）博览会上展出，又获得了优等奖和"世界至大荣誉最高级之卓绝奖凭"，清政府将绣像赠送给意大利国君，意皇室特地回赠"最高级圣母利亚宝星"勋章和镌有皇家徽记的钻石时针金表。沈寿后来曾深有体会地谈道："既悟绣以象物，物自有真，当放真。……潜神凝虑……遂觉天壤之间，千形万态，但入吾目，无不可入吾针，即无不可入吾绣。"祖父对沈寿的精湛才艺十分赏识。

辛亥革命后，京师绣工科停办，沈寿夫妇迁往天津暂住，沈寿设所传艺，余觉则到南通投奔祖父。祖父安排了他的工作，请他经办贫民工场和上海福寿公司。祖父为提倡和传播刺绣艺术，培养刺绣人才，先在女子师范内设绣工科，1914年建立新校舍，扩充为南通女红传习所，特意聘请沈寿亲任校长兼教师。其时，四川也正以重金邀请沈寿入川就教，而沈寿毅然决定赴教南通。她后来谈道："一因川路远，交通不便，一恐川人未必能持久，而南通实业教育有方兴之气，先生则平日信为可持之人，故来。"

祖父创办南通女工传习所，开女子职业教育风气之先，沈寿任所长并执教八年，督教殷勤，管理有方，教学成绩斐然。她"工于艺术，习以勤劳，怒不见面，怨不露口"，深受学员的称赞和爱戴。祖父念及沈寿担任所长，又兼授课，曾提出为其增加工薪，但沈寿坚辞言："传习所乃女子职业教育之一种，当以经济为目的，充个人志愿，不但望学生多，出品多，渐渐能解所董之担负，并欲渐渐谢勉地方之补助。"沈寿在发展教育、培养人才方面的卓越理念，使祖父感动并"敬其忠事"，十分感念她对自己事业的理解和支持。南通女工传习所共办十一届，学员毕业后，多数应江西、安徽、浙江、福建、江苏、上海等各地所聘任教，传授绣艺。其中宋金龄、巫玉、周禹武、陈瑾、李巽仪、庄锦云、张元芳等，在新中国成立后，仍为继承和发扬苏绣、"沈绣"艺术而努力工作。沈寿"授绣八年，勤诲无倦"，培养了一批又一批优秀的刺绣人才，为发扬光大祖国的刺绣艺术作出了杰出的贡献。

沈寿身体本较瘦弱，因教学艰辛，心力更为交瘁，来南通第二年即患病。祖父关心备至，延请陈星槎、俞汝权、沙健庵、唐绩臣等名医为之诊治。同时将博物苑"谦亭"精舍专供她居住养病，并由其胞姐沈立、侄女沈粹缜、女仆管妈分居东西房，以便在侧护理照顾。沈寿在养病期间，仍坚持为学生讲课，别人劝阻时，她平静地表示："我当献身于艺术，尽瘁于所职，不愿忝我此生。"她也曾对沈立谈道："啬公知我，以绣托我，知己之感，吾心尽我力以报，若稍能勉强支持而荒我职务，于心不安也。"

沈寿在"谦亭"休养期间，曾向祖父学习写诗。祖父从古诗中挑选了七十三首，集为《雪君课本》，亲注平仄，供她系统学习。沈寿由浅入深，经三数月练习，已能试作小诗，后遗有《雪君学诗剩稿》一卷，共十一首半。

1917年沈寿为报知遇之恩，请祖父手书"谦亭"二字，用自己的发丝绣成，并在"谦亭"发绣的左页、"谦亭"照片之上题诗一首，赠送给祖父。诗曰：

> 池水漪漪岛树深，病余扶栏恋清阴。
> 谁知六尺帘波影，留得谦亭万古心。

祖父加书跋语六十字："民国六年七月，啬公以博物苑谦亭借寿养疴。十九日，即阴历六月朔，部署既定，谋记盛谊，乃请公书谦亭字发绣以永之。愿公寿百年，谦亭百年，绣亦百年。"祖父8月17日日记记载：见雪君发绣"谦亭"二帧成，工绝，赋此诗酬之：

> 枉道林塘适病身，累君仍费绣精神。
> 别裁织锦旋图字，不数同心断发人。
> 美意直应珠论值，余光犹厌黛为尘。
> 当中记得连环样，璧月亭前只两巡。

1921年，沈寿逝世"终七"，祖父检得沈寿诗三首，录于日记，其中一首即题为《谦亭元日》：

> 病起岁又华，迎神剪烛花。
> 禳灾薄命妾，长生君子家。

沈寿虽在病中，课余仍醉心于艺术创作。在近两年的时间里，她取材于圣经中耶稣被诬告企图自立为犹太国王，被罗马总督钉死在十字架上的一幅油画，将耶稣悲壮死前的情景再创作于她的绣品中，取得很大成功，祖父将《耶稣像》送巴拿马国际博览会展出，荣获一等大奖，时值1.3万美金。1919年沈寿在病重中完成了她最后的杰作《倍克像》。在美国纽约展出时，美国著名女优倍克女士闻讯从美国西部赶来观赏，她看到自己神采怡然、栩栩而生的绣像时，非常喜爱，愿出5000美元收藏。祖父知道后，指示工作人员委婉说明，二绣为国宝，不能出售，并派人将两幅名绣护送回国。《耶稣像》《倍克像》二名绣是我国绝世绣品，至今我国肖像绣仍未有出其右者，因此非常值得我们的绣艺者研究、学习、观摩、总结和继承。

祖父多次将沈寿肖像精绣推向国外，扩大我国民族文化的影响。他在1920年创建南通绣织局，沈寿为局长，聘用多名留美学生，组织经营销售绣品，发展海外贸易。并设分局、店面于美国纽约第五街。

祖父十分爱惜沈寿的才艺，敬重她的品德。眼见沈寿疾病反复，愈益加重，祖父甚感忧虑，"睿益惧其艺之不传而事之无终也"，并感叹地说："嗟夫！莽莽中国，独阙工艺之书耳。习之无得者不能言，言之无序者不能记，记之或诬或陋，或过于文，则不能信与行。一人绝艺，死便休息，而泯焉无传者，岂不以是。"祖父决心帮助沈寿撰写《雪宧绣谱》，以永远留传。他不顾高龄，在沈寿病榻旁"乃属其自绣之始迄于卒，一物、一事，一针一法，审思详语，为类别而记之。日或一二条，或二三日竟一条，次为程以疏其可传之法，别为题以括其不可传之意。语欲凡女子之易晓也，不务求深，术欲凡学绣之有征也。不敢涉诞，积数月，而成此谱。且复问，且加审，且易稿，如是者再三，无一字不自睿书，实无一语不自寿出也"。《雪宧绣谱》约一万字，除序言外，分绣备、绣引、针法、绣要、绣品、绣德、绣节、绣通共八章。"针法"为《雪宧绣谱》的灵魂，沈寿将针法进行科学的分类，归纳整理为齐针、抢针、扎针、旋针、虚实针等十八种。她提到，"余之针法也，旋针昔所无，余由散针、接针之法悟之而变化之"，"虚针、肉入针则游日本时参观而得之"。"绣要"主要阐述了一幅精美的绣品必须具备的六个要素：审势、配色、求光、肖神、妙用、缜性，核心是求光、肖神和妙用。"绣通"主要阐述绘画与刺绣的结合。

《雪宧绣谱》的写作过程是沈寿与祖父共同总结、研究、思考、提炼的过程。在寒灯下，在病榻前，一老翁、一病妇同心协力地完成了这本史无前例、精心而成的刺绣理论著作。近代著名织绣文物收藏家、评论家朱启钤先生评论说："其书集绣法之大成，持衷中外，确有心得，可俾后人奉为圭臬，且开中国工艺专书之先，断非丁佩（清道光年间人士）之谱所可同日而语。"父亲孝若公也为此倾诉了心里话："余沈女士一根针上的精绝艺术，用我父一枝生花的笔尖去叙写，自然是一件相得益彰的事情，也是将我国的绣工艺术，传之于后的唯一方法。"祖父和沈寿的合作，促成了一本渗透着双方心血的科学文献的诞生，也是他们为刺绣艺术发展建立的情谊的结晶、永恒的纪念。

沈寿久病，于1921年6月8日子夜逝世，祖父遵循她的遗言，公葬其于长江边黄泥山东南麓，墓碑题为"世界美术家吴县沈女士之墓阙"。祖父并撰写了《世界美术家吴县沈女士灵表》和《雪宧哀辞》。哀辞中谈道："弥留之际，镜奁粉盍不去手，衿枕依倚之具，未尝乱尺寸，食饮汤药无纤污；拂听之言，微闻其喟吁一二而已。生平性好，兹可谓贯彻始终焉。"

7月13日至18日，祖父每天为沈寿诵《心经》540卷，"更诵阿弥陀佛号三千二百四十声"，以寄托深沉的哀思。

章开沅先生在《张謇传》一书中，有一段话评论沈寿："她不仅是用手用脑，而且是用心血用生命。她已经与刺绣融为一体，因此便忘记了病痛，忘记了生死，当然更忘记了个人身世的不幸。她一生追求真善美，她就是真善美的化身，她把自己短促的生命化为美，这美不仅是她的绣品，而且也是她的人品。她有异乎寻常的洁癖，那是她既然追求艺术的纯真，就必须首先追求生活的纯真，所以才临死不乱，始终保持着躯体与灵魂乃至栖身之所的洁净。"读至此，我十分感动。章开沅先生又谈道："沈寿病逝两年以后，有人持沈绣短屏四帧请张謇鉴审。张謇认为作品出于沈门而非沈之作。他说：'顾谛习羽毛针法非沈作。沈作翎毛，无不奕奕有神，栩栩欲活，此犹露香（顾绣）；若沈绣之开径自行，空前无二，露香且当北面矣。百世下以俟真知耳。'"沈寿真知者，莫若祖父，他们的情谊是感动天地的。

水利先行

祖父认为，治国福民的事，河工水利是第一件，世界唯水这样东西，不能为利，就要为害，不绝对有利，即绝对有害，没有徘徊中途的道理。所以若水道疏浚得法，不但水旱之灾可以免除，而且对运输交通也有很大益处。他的一生，为中国近代水利事业作出了巨大贡献。

祖父在早年的个人经历中，与祖国江河湖海有较多的接触，结下了一定的不解之缘，较理解水利工作的重要性。

早在同治十三年（1874年），祖父21岁时，就随通州知府孙云锦查勘淮安渔滨河积讼案。淮安府境是黄河、淮河、运河交汇之地。祖父目睹水利失修，大批民众流离失所的惨景，忧心如焚。国家和人民的忧患，促使他思考这方面的问题，"始搜旧籍，稍稍考察淮河形势，既盖窥潘靳治河之书，旁及各家之说"。他集中精力，阅览了大量有关水系、水利、水情以及治理的历史书籍："謩自年二十余读潘靳丁冯四氏言淮河之书，即以为我江北人民之隐患大害，无过于是。"我父亲也谈到，祖父收集许多有关河工水利的书籍，认真阅读，苦心钻研。他从明代潘季驯所著《河防一览》、清初靳辅所著《治河方略》、清道光年间冯道立所著《淮扬水利图说》、同治年间丁显所著《请复淮水故道图说》等著作中了解了淮河的许多情况，受益很大。祖父是有心人，出门在外，奔波南北，无不留心观察山川起伏、地理形势。

光绪十三年（1887年）五月，祖父应老师孙云锦之邀，到开封府工作，时值郑州一带黄河大汛，数天中，决口二三百丈，百姓到处逃亡。当时河南巡抚倪文蔚知道祖父对河工水利有一定的研究，会同推荐祖父主持提出治理计划。祖父责无旁贷，立即投入工作，用大量时间实地视察形势，他认为首先必须进行科学的测量，再采用西法，用机器疏浚河道等，进行综合治理。但巡抚、河督思想极其保守，既无识见，又无胆量，既不肯定，又不否定，遇到困难就回头，敷衍应事，祖父只得引身自退。

这一段经历，祖父虽未成大事，却丰富了人生阅历，他对社会变幻、百姓福祸有了更深切的体会。祖父写了一篇《郑州决口记》，详细记载了当时的情况，述及灾民流离的悲惨和官员奢侈颟顸的行径，很为痛切："中牟、尉氏城浸水中，溺死之人，蔽空四下，若凫鸥之出没。或一长绳系老弱妇稚七八人，而缳犬于末……随波翻覆。如是者十余日，日不一闻。近决口八九里，灾民缘堤营窟。……询之曾官河防若干人，自荥泽决至今二十年，余璜官上南厅同知且十三四年。余璜平时溲便用银器；姬妾幸者，房栊窗壁，往往用黄金钉，地重绣罽。凡村寺演剧无不至，至则先期戒治，幄幔如天官。堤防之费，岁领十二三万，一委外工司事。"天灾之下，当政者却不仁不义，荒淫无耻，昏庸无能，是置人民于倒悬、国家于万劫的根本原因，这更激发了祖父为国家为人民做实事的决心。

光绪二十九年（1903年），祖父正积极筹备滩涂开发事业，淮河下游又泛滥成灾，江苏徐、海、淮、扬，安徽凤、颍、泗七州府灾情十分严重，灾民达四百多万户。经实地观察后，祖父提出《请速治淮疏》，呼吁清政府尽快治理，并筹款赈灾，救济安抚灾民。他在上疏中谈道："受灾之源者，淮水也。淮所以为灾者，人海路断，入江路淤；水一大至，漫溢四出。"认为当务之急在于运盐河的疏浚，提出可由官商合办或按谁出钱谁得利的原则解决治理经费问题。此后，祖父结合垦区水利工程规划，开挖淮河支流——运河，连接吕四，经大刀坝入海，到宣统元年（1909年），完成十七八座船闸，实现了泄洪功能，对水情有较大的改善。

光绪三十二年（1906年），淮河流域又发生大水，苏北灾情最重，仅海、徐两州府灾民即有50多万人。祖父心急如焚，再撰《复淮浚河标本兼治议》，呈两江总督端方，要求建立导淮局，先进行淮域测量工作，为复淮导淮治理规划打下基础，同时建议以工代赈。端方表面上同意祖父的意见，指示淮扬道杨文鼎、安徽候补道许鼎霖、山东东昌知府魏家骅等，在清江浦筹设导淮局，任祖父为导淮局总参议，与此同时，他却向清政府奏呈，强调导淮治淮的重重困难，在奏稿中说："导淮既不可因噎废食，也不敢畏难苟安，复淮之利，提议数十年而未克蒇事者，何能一旦而期其必成。"对治淮抱着消极的态度。更严重的是，端方为了阻挠祖父导淮计划的实施，通过杨文鼎指使测绘人员，对淮河故道涟水段纵断面图加以涂改，凭空加高九米，再以土方量过大、经费困难而无法实施为借口，否定了祖父提出的计划。祖父的实施计划被篡改并被否定，实际上是官府对导淮工作的全面扼杀。因事关重大，祖父继续奔走四方，呼吁治淮不容再缓，并亲去上海恳请两广总督岑春煊支持向上奏本，但又遭婉言拒绝。

延至宣统元年（1909 年），江苏省谘议局成立，祖父被选为议长，谘议局通过了祖父等人提出的导淮提案，呈报给两江总督张人俊，但张人俊别有用心，对此并不支持，他对属员说："导淮自桐柏载在《禹贡》，难道张謇竟有大禹的本领么？"祖父导淮的愿望又一次遭到挫折，虽在意料之中，但他导淮的意志并未泯灭。祖父征得清廷的同意，筹办江淮水利公司，并先在清江浦成立测量局，为导淮治淮开展测量工作，积累基础资料。

1912 年，安徽督军柏文蔚提出裁兵导淮，推祖父为督办，不久袁世凯任大总统，导淮工作又告中止。

导淮工作屡受挫折，但从未动摇祖父的决心。年底，祖父代皖督柏文蔚、苏督程德全为导淮、治理水患专电袁世凯，痛斥清政府漠视百姓安危："专制之国有君无民，故置民之疾痛愁苦，漠然而不顾。"恳请为大局计，当机立断，从速施行导淮工程。1913 年 4 月，政府委祖父任导淮局督办。当年，各省水灾严重，成千上万灾民流离失所，引起中外关注，都认为中国必须不失时机搞好治水，才能彻底地救民除灾，各方都支持祖父有关治水的主张。12 月 21 日，导淮局扩大为全国水利局，委祖父任全国水利局总裁。祖父见国势紊乱，本不想就任，但考虑也许可以借此多做些于国于民有利的实事，就致电袁世凯，坦然说明："余本无仕宦之志，此来不为总理，不为总统，为自己志愿。"

祖父上任后，首先重新审查他以前制订的有关计划，同时延聘荷兰、美国、瑞典等国水利工程专家给予技术上的辅助，按全国最大次大应治河流，分工程主次，全面制订全国水利工作计划，同时将导淮列为水利"四端之首"。"必淮甸（淮河区域）逸（安定）而后东南安，必淮流治而后淮甸逸。"祖父满怀信心地说，如计划能得到切实执行，"则不仅水利一端得加整理，而地方财力可以渐纾，农业改良可日进矣"。

祖父任全国水利局总裁后，在《条议疏浚全国水利呈》中写道："窃謇生长田间，习知水旱所关，河渠为重。四十年来，游踪所及，辄就父老而咨询。前在江苏，有拟事导淮先事测量之规划。民国二年三月，奉大总统令督办导淮事宜。……复奉任命全国水利局总裁。……窃谓除害之大者，莫如导淮而兼治沂、泗二水；兴利之大者，莫如穿辽河以达松、嫩二江。为其先者，在借异域之才，并设河海工程学校；济其成者，在筹疏浚之款，并立农业地产银行。……东三省为京师屏蔽，其原隰之沃厚，林矿之富饶，强邻耽耽涎视久矣。……三省天然水道，曰黑龙江、曰松花江、曰乌苏里江、曰嫩江、曰鸭绿江……皆荦荦大者。……今则俄之东清，日之南满，铁道所至，一纵一横。……为我兴垦实边、保守主权计……非疏通辽河、嫩江或松花江不可。……农业银行，仿行日本年赋偿还之法，许人民以不动产作抵押品，定低廉之利息，贷以现金，并准其按年分还，则农地改良之资本，人民得依赖此种银行，作其保障，资其周转，则关于水利之兴造，即无官吏之督促，亦必百废俱举矣。"

祖父关注水利、治水事业的视线是遍及全国的。他历来以维护国家主权为先导，同时从当时实际情况出发，提出了很重要的一点，引进国外先进知识、技术和人才。因为他多年从事经济工作和办企业，又提出建立金融机构，通过市场经济机制解决经费筹集问题，这在当年是有开创性的，但能理解的人却很少很少。

1914年，祖父亲自带领荷兰工程师贝龙猛勘查淮河。他的年谱记载："四月三日，与荷工程师贝龙猛同勘淮河，自通出发。七日至清江浦，计定与工程师分途进勘。十日由西坝行，十二日至板浦，十四日至十队洋桥，视大德、大阜、公济垣盐圩。十七日，由燕尾港灌河至陈家港，夜闻土匪枪声。十九日，过响水口、武漳河坝至西坝。二十一日，勘惠济闸，至杨庄。二十三日，至众兴、刘老涧，堪亨济闸，过宿迁至耀徐，勘六塘河头。二十六日，自杨庄过马头至高良涧、老子山。二十九日，至龟山，山有淮渎庙，观巫支祁井，至盱眙，经大柳屯长十六里之柳林，至浮山、五河。五月一日，至临淮、蚌埠，易小轮至怀远，登荆山、涂山，视淮河流如掌上，禹以两山为淮之门，虽万古不能易也。二日由津浦路回。"

祖父身为农商总长、全国水利局总裁，深恶排场，不顾劳累，轻装简行，日夜兼程，历时一月，完成了淮北及蚌埠一带淮河流域的勘查工作。

当地盛传，祖父坐船到了洪泽湖一带，坐船向东行，碰到西风；转向南行，立刻变了北风；一会儿船回转头东行，又起了西风。一日之间，行来行去，总碰到顺风。这虽是一时的巧合，而许多人都说是因为祖父治河的诚意，感动了上天。连同行的荷兰工程师，也说"有点奇怪"。

祖父亲身勘查淮北、蚌埠一带实际情况后，精心撰写了《导淮计划宣言书》《江淮水利计划第三次宣言书》《江淮水利施工计划书》《江北运河分处施工计划书》《淮沂沭治标商榷书》《两淮串场大河施工计划书》等，被后来人视为十分精湛的著作。

对于筹备导淮经费，祖父有多种设想，即在政府拨款的基础上，设立农业地产银行，设专项贷款，建立投资基金以及利用外资等。当时，正逢美国红十字会为赈济水灾派专家来我国灾区了解灾情，表示可以协助承借，祖父呈报政府，并多次与美国公使芮恩施博士（Dr. Paul Reinsch）联系、商谈，提出我国需要借款，可以地税为担保，但必须符合保障主权、维护人民利益的原则，不能含糊。后美国红十字会专派工程队、团考察淮河，发表报告，1914 年 1 月，正式签订了《导淮借款草约》。后因政局变动，祖父不久辞职南归，草约未能进一步实现，我国水利事业、治淮大业又一次陷入停顿之中。

祖父从事导淮工作22年，始终坚持按科学办事的原则。当祖父不断提出要进行水文测量，又不断地被河南巡抚倪文蔚、两江总督端方等所否定后，光绪三十二年（1906年），祖父决定在他创办的通州师范学校中附设土木科测绘特班，聘请日本水利治河专家负责讲授，为水文测量工作培养了人才，积蓄了力量。宣统元年（1909年），江苏谘议局建立，祖父被选为议长，他抓住时机立即宣布，建立江淮水利公司，并在清江浦建立江淮测量局，经过近十年的呼吁和努力，我国最早的引进国外科学技术而成立的水文测量专业机构终于投入了国家导淮治水的伟大事业，对祖父来说，这无疑是最大的奖赏和安慰。祖父自己可能也难以想到，他从封建王朝的状元成了近代水利工作的从业者。他十分重视数字，这和他一贯提倡实事求是和尊重科学是分不开的。

宣统三年（1911年）二月，江淮测量局开测，1912年派三班续测。测绘工作主要依靠通州师范学校土木科测绘特班毕业生40余人进行，后又得到安徽和苏州有关人员的支持。1913年，祖父领导的江淮测量局利用西方水文技术，同时在淮河中下游的蚌埠、中渡、里运河的淮阴、码头镇、六闸等地设水文站，在中上游正阳关、长台关等地设立测量站，形成了一个网络。

1915年末，祖父因袁世凯复辟称帝，相继辞去农商总长和水利局总裁之职，回到江苏南通，祖父虽自我安慰"尘网幸已摆脱"，但仍念念不忘"痴魔"淮河。客观上，水利建设和他倡导的"实业救国""地方自治"是息息相关的。祖父任何时候、任何地方都不能忘记治理淮河。祖父通过江苏省谘议局议长的职位和他在社会上的影响，继续推进测量局的工作，正由于江淮水利公司和测量局近在咫尺，历年测量工作才得以按序而行。

祖父在二十余年的导淮经历中，领导组织导淮测量处累计完成导淮图表1238册，图25卷2328幅，为以后导淮计划的制订提供了重要的资料。他在《导淮测量处成绩目录序言》中写道："导淮测量处……宣统三年（1911年）二月迄民国十一年（1922年）十二月，测量所成之图与表册，凡三千五百有奇。……中经欧美工程家凭图审勘与实地检查，证为可信。……今所列者，计册一千二百三十八，图二十五卷，又二千三百二十八幅。"这是他一生从事导淮测量工作的总结。

我国水利专家康复圣、唐元海认为，祖父举办的淮河水文观测、淮扬徐海平剖面测量，为规划导淮工程之前期准备，这在中国水利事业上还算首次，所以中国近代水利事业的发展，导淮测量起到了示范作用。在民国时期，在新中国建立以后，这大量的数据为大力治淮提供了参考，发挥了相应的作用。

我国近代水文工作是在祖父的倡导下从淮河开始的。

祖父从事导淮工作，视人才更为重要，他说："要整治河道，一是经费，二是人才。而技术人才的养成，尤为最殷切普遍的需要，外国工程师固然要聘请，然而需要更多的人才，就应该在国内创办水利学校，如河海工程学校等。"

祖父首聘荷兰工程师奈格（特来克工程师的父亲）来通州，五次查勘江岸冲坍情况，提出调查报告。后又聘请霍南尔、海德生等工程人员共同测量绘制《通州沿江形势图》，与荷兰、英国的水利工程师一起研究比较，筑榫防坍，稳定岸线。国外技术人员的引进起到了很好的作用，也说明了人才的重要。

祖父任全国水利局总裁，上任伊始，即提出"速设河海工程专门学校"，呈报政府，并专门给内阁总理兼财政部长熊希龄写信。由于祖父反复呼吁，多方活动，校舍、经费、师资等问题逐步得到解决。祖父聘请黄炎培为筹备主任，聘请刚从美国威司康辛大学毕业归国的许肇南为校长，聘请国内名人和外国专家任教，从国外购置图书和仪器。河海工程专门学校 1915 年 3 月 15 日在南京正式开学，祖父专程从北京到南京出席开学典礼并致辞，勉励学生要敦品力学，除学习河道海港工程及其他有关土木机械工程等课程外，尤应注重研究中国治河的历史。

河海工程专门学校采用西方教学模式。1924 年，为了导淮和水利工程需要，祖父和江苏省省长韩国钧又筹划扩大该校，经北洋政府批准，河海工程专门学校与东南大学工科合并，改名为河海工科大学，茅以升为校长。1917 年到 1927 年 10 年间，共培养水利和土木工程类学生233人，成为民国时期重要的水利技术力量。美国皮大卫（David Pietz）教授说："张謇建立的一些水利学校的毕业生们，成了20世纪的技术专家和水利界的领导人物。比如河海工程专门学校首批水文工程教员李仪祉的一些学生，如须凯、汪胡桢和宋希尚，后来成了知名水利专家和学者。根据河海大学查一民教授对河海专门学校毕业生担任重要水利职务的调查，有14名毕业生在中央水利机关任职，另有29名则担任过地方正副水利厅长或总工程师，他们不仅在淮河治理，而且也在全国的水利事业方面发挥了很重要的作用。"

1916年6月，袁世凯去世后，祖父虽已不在政府部门工作，仍致电国务总理段祺瑞："应请令水利局即饬清江浦测局人员，会同江苏治运人员商定处所办法，并令水利局外国咨询工程师复勘，而后着手，较为正确。"段祺瑞非但未予支持，反而以财政困难为由，提出要撤去全国水利局，另设导淮机构，请祖父主持。祖父回电，极力说明不可撤除水利局的理由，同时表达了"主持之命，断不敢承"的意志。

1918年夏，祖父草拟《江淮水利计划第三次宣言书》，通告江苏、安徽各界人士："治水果能通力合筹，无在不事半功倍，江、皖同一淮水流域，划界为治，两有不利。"又上书段祺瑞："导淮之议即倡之十（余）年，不忍终弃，乃又有第三次计划，草稿已就，略数千言，自谓条贯粗具，又不能号之于众，为滨海数千万生灵请命。"1919年初，祖父又公布了长达三万余言的《江淮水利施工计划书》。祖父在不断研究分析历年测量积累的水文资料之基础上，进一步修正导淮方案，将"三分入江，七分入海"改为"三分入海，七分入江"。同年，祖父在南通邀请徐、淮、扬地方人士对导淮方案座谈讨论，提出意见。

《江淮水利计划第三次宣言书》是祖父二三十年来对大河大江的了解以及一些心得体会，也是祖父从事导淮工作以来，在总结经验教训的基础上提出的治理方针，总体而言，有四个方面："统筹全面，蓄泄兼施，江海分疏，标本兼治。"

他说："盖治水蓄泄兼筹，固水之有余为害也而泄之，亦当计水之不足亦害也而蓄之。古人开辟河道为泄也，而建筑闸坝即为蓄。……可知必蓄泄互用，乃能旱涝有备。”水利专家须景昌先生认为：祖父采纳夏禹治水之道、明代潘季驯的“束水攻沙”之说，以及清代丁显、金安清、赵秉节等人治淮论点，兼听荷兰贝龙猛，美国詹美生、塞伯尔、费礼门的看法，然后查勘淮河流域，测量淮沂沭泗的高程和地形，勘古禹王河遗迹，登涂山视淮流今昔之变迁，从而提出蓄泄兼施、上下游兼顾的导淮方案。

　　“江海分疏”的主张是祖父根据他在淮北的勘查和两年的测量资料提出的，后来许多水利专家都认为这是“复淮”“导淮”史上一大创举。美国红十字会、广益银公司先后派工程师来勘查淮河，其中詹美生主张经黄河故道入海和经宝应湖入江，塞伯尔主张“全量入江”，费礼门提出利用天然水力冲凿入海水道的全量入海方案。祖父于1922年发表《敬告导淮会议与会诸君意见书》，有针对性地述及：“费氏之说与三四千年前之大禹，十二年前之謇，先后暗合。惟因种种关系，謇不能持前说。”“塞氏主全入江，其计算淮水之总量，不足五千立方公尺。今查五年淮河最大流量，数逾八千，十年则几及一万，与塞氏原计之数，相差甚远。且五年大水，淮水入江，每秒六千立方公尺，十年之水，人于五年，而入江流量小于五年几倍，故十年之险，甚于五年亦几倍。由是言之，费氏计划，固节用而工捷，而实地之障碍，未易去除。塞氏之工用，亦节而捷矣，但来水之量数，与实际不符，根本上已不能适用。无已，惟有仍取江海分疏之策。”这一事例也说明祖父重视引进外力，学习西方，但绝不迷信外力，迷信西方，一切必须符合科学，他曾谈道：“中国河淮之历史，年代既长，地理之变更，亦极复杂，古图散失，无从取证，古书则多至千百卷，美工程师以三月最促之时期，无从尽之。……利害所在，则在我为主体，不敢不以夙昔研究所得百分之一二为工程师讨论之权舆。”

　　“标本兼治”实际上是统筹全局，处理好上下游的关系。祖父说：“治标在疏浚其淤垫，巩固其堤防，修复其闸洞。……治本在去害，害各有其因，中运之因在沂。”治本解决根本问题，治标也在于及时解救百姓的生命，安定百姓的生产和生活。

著名专家须恺，对祖父"蓄泄兼施"的导淮方案一向钦佩。他认为"蓄泄兼施"能准确地表达治水的自然辩证法。1950年淮河大水，毛泽东主席作出根治淮河的指示，时任水利部技术委员会主任、水利部部长的李葆华查勘淮河流域并经详细研究后，向周恩来总理汇报了以"蓄泄兼施"为主的治理方案，得到周恩来总理的认可。

1919年6月，在公众舆论的压力下，民国总统徐世昌与段祺瑞又郑重提出，委任祖父为江苏运河工程局督办，韩紫石为会办，该局兼责导淮之事。祖父秉性正直，明知当局委任，不过重操袁世凯推责于人之固伎，出于"本近十年之经验，不觉将依赖政府之心，逐渐消灭，但不依赖政府可，不集合同人不可"的想法，坦率地表达了对政府虽已失去信心，但为"数千万生灵"，为不辜负合作多年的同事和社会贤达，决定再次出山。1920年，祖父在江苏运河工程局揭幕式上就职时宣称："走以为天下无不可成之事。事之艰难颠沛，对于个人乃为磨练，对于事实则为促进。若因艰难颠沛而不为，成于何望？况地方水利与人民利害有切身之关系者乎！"表达了为导淮知难而上的决心。祖父立即投入编制计划、工程预算等工作，标本结合，根据运河东堤归海四港之一，确定了"东台王港的疏浚工程"；为协助运河起到导淮的功能，制定了《两淮串场大河施工计划书》，并设淮扬徐海平剖面测量局，积极筹备，投入施工，但终因徐世昌自食其言，经费长期不到位，已上马的工程半途而止，具备条件应开工的工程长期拖延，无始而终。祖父和人民的愿望彻底破灭了。忠诚正直的祖父再一次被戏弄，戏弄者是国家最高执政者，真正受到伤害的是国家和人民。

1921年8月，连日大风暴雨，长江、淮河下游同时大涨，运河堤坝岌岌可危，祖父情不自禁地约请韩国钧会办，依次到扬州、宝应、高邮、兴化、东台各地巡查。到了昭关坝，上游人民要求开坝泄水，下游人民反对开坝，集聚了几千近万人，情势危急。祖父等在承天寺被包围长达六七个钟头。祖父严肃地对大家说："坝应不应该开，要巡视了全河流域以后才能决定，我们要拿全河流域人民整个的生命财产作标准，权其利害轻重，定最后的开不开。"祖父到下河一看，汪洋一片，人民几乎全浸在水里，如开昭关坝，后果难以设想，因此坚决反对采用这种惨无人道、天理难容的办法。祖父当机立断，主张先浚治王家港，解决部分问题，同时开通下游一个最重要的出口。此方法虽然当时遭到部分人的责难，事后却受到赞颂。第二年高邮、邵伯、淮扬一带稻田大获丰收，较往年为倍，淮、扬两府各县耆老会商，集资制造万民伞，欲送往南通感谢祖父，被祖父派人竭力劝阻。

1922 年，长江上游水势汹涌，下游又发生灾情。当局征询祖父治江意见，祖父不计前嫌，发表了有关长江治理计划，并给江苏省省长回复了一封长函：

"大浸为灾之日，忽得公计及治江之书；事虽外若迫之，明必中所本有。……江之南岸凡……八县，江之北岸凡……六县；此十四县者，沿江有卑薄之堤，有高厚之堤，有并无堤，有外水高不能泄而等于无堤，方謇为是言时，亦无和者；今则人皆觉悟，淮不可全入江，但数年来，淮骎骎全入江，而又不为之备，大灾猝成，悔已无及，然则欲淮不全入江，试问不分于上，尚有何策？……请更言江，江之受病深矣，沿江之水灾，航行之阻浅亦久矣，江病而洞庭、鄱阳两湖俱病；謇持治江之说亦二十年……溯江二千里，江由湘、鄂、赣、皖、苏五省入海，试问有知江之流量若何？流速若何？流向若何？倾斜度者乎？"

祖父附去计划，对治理意见、组织机构、重点地段、经费、计工、用人等都作了详细的说明。

1926 年夏，民国政府委任我的父亲张孝若为扬子江水道委员会会长。祖父并不赞同，预料前途未必顺利，但从大局出发，平静对待，给父亲写了一篇短文：

"扬子江讨论委员，非小事也，况为之长，人将视焉，不可以慢易。

工程宜求世界最新、最精之程式；宜咨询蜀湘鄂豫赣皖苏宿儒故老，明于江流利害之历史者，宜虚心听受。治水议论，宜平心折衷。……

南北岸大三角测竣后，如何治法，宜以图寄美、德、英著名工程专家费礼门、安格斯、柏满三君评论……"

两天后，1926 年 8 月 24 日，祖父去世。父亲说，这是祖父的绝笔了，最后的纪念，还是谈"治水"。

回顾历史，美国皮大卫（David Pietz）教授在《张謇与淮河水利》一文中写道："治淮是张謇一生中特别关心的事业。……在探讨张謇治淮活动时，人们不禁要问，他的这些活动是成功还是失败。鉴于他在清末和北洋时期提出几个主要的治淮建议均未能实现，因此有人认为他的治淮活动，实际上失败了。但这种看法过于简单化，忽视张謇当时所处的政治经济环境。他的活动不仅包括治淮，而且也包括纺织业、垦殖和教育改革。他的活动从一个侧面反映了中国近代绅商在中央政府失去对中国经济的控制以后积极填补政府职能真空方面所起的作用。张謇觉得他的实业、教育和水利工作都是为了国家的近代化。但他在纺织业和淮河治理方面的工作还是有一个明显的区别。对他在南通的纺织业，他有能力运用私人的资金来发展业务，可淮河治理则是一个更宏大的事业，而且也是一个政治性问题。有效的淮河水利规划和治理不仅要巨大的财力和人力，而且还要有一个强有力的中央机构来动员这些财力和人力资源，并很好地协调不同省份之间的利益。张謇在建立全国水利局等机构时对此有很清楚的认识。虽然北洋政府当时财政短缺，国际局势又动荡，全国水利局实际上也主要是一个治淮机构。他的工作对后来国民党政府时期和新中国成立后的全国性的水利机构都具有示范意义。"

祖父在淮河治理方面的业绩是不容置疑的，他有效地引进了西方的近代水利工程方法，成功地建立了我国第一个全国性的水利局、河海工程专门学校和省级测绘养成所。他很早就认识到对淮河水文进行科学调查的重要性。全国水利局和江淮水利测量局等机构所组织的、由新培养的水利专业毕业生们所进行的淮河水文调查，在后来的许多年中仍是淮河规划的基础。国民党政府时期的导淮委员会仍继续依靠这些水文资料，1949 年以后，这些资料又被用作淮河规划和改造的历史依据。唐元海教授也曾提到，我国著名水利专家，国民党政府时期任中国水利工程学会会长、导淮委员会副委员长、水利部政务次长，侨居美国的沈百先先生，在他撰写的《张季直先生与中国水利事业》中讲道："张先生所拟《江淮水利施工计划》遗规，为导淮工程计划之唯一参考资料。民国十七年，中央建设委员会尊奉国父遗教'修浚淮河为中国今日刻不容缓之问题'，即组织导淮委员会，笔者于役其间，厘定导淮工程计划，最后报国民政府核定的导淮工程计划纲要，其设计的入江入海洪水量与导淮路线，以及灌溉与航运之河渠等，可谓归功于张先生十八年多所悉心筹划遗规之重要启示也。"

祖父不愧为我国近代著名的实业家、教育家和水利专家，为中国近代水利事业作出了巨大贡献。

国际友情

亨利克·特来克（Hendrik C. de Rijke，1890—1919），一位来自荷兰的水利工程师。提起长江下游、苏北的水利事业，世代人民不能忘记他和他的父亲奈格工程师的功绩。公元 1919 年 8 月 18 日，年仅 29 岁的特来克工程师，为我国的水利建设，在江苏南通献出了自己的生命。

光绪二十年（1894 年），甲午战争爆发，祖父痛恨清廷腐败无能，毅然辞官回到家乡通州，他经营村落（地方自治）的决心愈加坚定，在长江北岸至黄海之滨，开始了百折不回的实验，实践他"父教育，母实业"强国富民的理念。

"南通有一千年的历史，南通与长江的关系既紧密又紧张，在它家门口的这条巨龙给南通带来了肥沃的土壤、水资源和便利的贸易条件，但也有很多次几乎将这座城镇吞没，仅在明朝和清朝，南通就遭受过 66 次大洪水的侵袭。"20 世纪初，长江北岸南通段受江水冲击，坍塌严重，每年丧失达十平方里宝贵的土地。祖父所期望的是在莽莽苏北平原、长江岸畔兴建一个新的现代化城市，这首先需要有一个相对稳定的岸线和良好的地理环境。光绪三十三年（1907 年），祖父以私人名义先后聘请了荷兰贝龙猛、瑞典海德生、英国葛雷夫、意大利平爵内等水利专家到通州研究水情，请他们对维护岸线、防止坍塌献计献策。光绪三十四年（1908 年）又聘请在上海任黄浦江水利委员会首席工程师的荷兰人奈格来通州协助勘查水情。奈格工程师为黄浦江航道开发、设计和建设作出了杰出的贡献。黄浦江开发前，只是一条潮涨潮落的河溪，开发改造后，才真正成为上海对外开放、通航世界的水上通道。上海发展成为现代化的国际性港口，其中包含着奈格工程师大量的血汗。他来到中国前，也曾为日本的水利建设作出过出色贡献，取得显著的成绩，因此1911年荷兰女王授予他一枚勋章。

光绪三十四年（1908年）5月14日，奈格工程师到通州后，对通州到京口一线进行了五次勘查。后参与制成《通州沿江形势图》和《通州建筑沿江水榤保护坍田说明书》，力图标本兼治，但终因预算费用过高，祖父个人和地方都难以承担而未能全面实施。直至1913年，祖父在对政府已完全丧失了信心的情况下，决定依靠自己、社会、百姓的力量来完成这一历史任务。3月17日，南通保坍会成立，祖父任会长，决定邀请亨利克·特来克工程师（奈格工程师之子）到南通任保坍会驻会工程师，负责南通长江防坍工程。

当年，奈格工程师到南通勘查水情时，特来克工程师作为他父亲的私人秘书相随左右，学习并参与工作。1913年，奈格工程师去世，特来克工程师回到荷兰，就学于工程专科学校，并深入荷兰各地考察了解有关水利工程，知识业务有很大的提高，立志继承他父亲的事业。随即应祖父之聘，于1916年4月再次来到南通，立即全身投入实地测量长江流向、流速，观察潮水涨落情况以及江岸坍塌形势等工作，他发现江岸不仅受到江水的威胁，还受到较远的海潮的侵袭。不久即写出《南通保坍计划报告书》，详细地说明江岸坍塌的原因："查天（生港）、姚（港）间之坍削，悉由暗潮之冲刷。此就坍削最烈之处，观其断面，即了然也。……堤岸下段，为极有力之落潮抽去，至涨潮，又将堤岸上段冲激，倒卸泥土入水，仍成自然之斜度。欲保护使不坍削，非在低水位以下筑成一二百密达（米）长之保护物不可。"特来克工程师改进了他父亲的方案，制定以塘柴木垫沉石法筑榤的保坍护岸方案，设计了一套栅槛和河道堤防系统，提高水榤"分杀水势"的功能，有效地加固江岸，同时节约工料，降低投入的资金。在他的主持下，6月14日，筑榤工程正式动工，约三年完成了天生港至任港口10座水榤，比原设计方案减少了14座水榤。"分杀水势"的功效十分明显，防止了江岸坍塌，稳定了岸线，并保持一定的水深，为新的南通港口城市的兴起、建设和发展，创造了一个良好的地理环境。近一个世纪以来，南通沿江再未发生大的坍塌，保障了人民安居乐业。

与此同时，特来克工程师又按祖父的部署和要求，在道路、桥梁、港闸、涵洞等方面，设计并亲自监督建造了系列工程。主建的长江芦泾港水榷。）工程师 1917 年在《通海日报》发表的一篇文章中谈道："与其他城市相比，南通市区存在许多缺陷。可以进行改进的，如沟渠、道路等，我们必须加以改进，不是为了炫耀和追求奢侈，而是为了人民的健康。"在短短的三年中，完成了大中型水闸 12 座、涵洞 7 个，相应地组织浚港开河总长 5.86 千米，疏浚总土方 7.32 万立方米。其中最为壮观的是遥望港九门大闸，钢筋混凝土结构，总长达 50 米，流量 120 立方米/秒，排涝面积 22 万亩农田。在启东龙王庙，为维护海堤，确保围垦，特来克工程师亲自设计领导施工的"挡浪墙"约 1000 米，百年沧桑，至今尚存留 400 余米，作为时代的遗迹、历史的见证屹立在黄海边。

这些水利工程的完成对整个南通地区的城市环境、基础设施、水运交通、农田灌溉、排水防涝、滩涂改造等起到了积极的作用，为祖父倡导的南通地方自治创造了条件。新中国成立以来，南通地区也经常遭遇大风大浪，但基本无大灾大难，这与新中国成立后政府不断加强水利建设有关，但南通原有水利工程和水系的基础也起到了良好的作用。

特来克工程师工作勤奋且好学，十分重视和注意我国历代的治水经验，他曾谈道："中国古自有法，法往往与泰西合，治中国水，乌可不究中国古书。"重金收集中国历代有关河渠的书籍，明朝潘季驯著《河防一览》是我国有关水利的重要著作之一，为潘季驯治理黄河的经验心得之谈，与近代科学治水原理有相合之处，特来克工程师非常喜爱，商请他的助手宋希尚先生，和他一起利用工余时间，每晚自七时半至九时半，边阅边谈，经过整整两年的时间，译成英文本六大册。至今，我国珍贵的古代大型水利文献被翻译成英文面世，可能还是比较少见的。

1919 年，特来克工程师到南通工作的第四年，不幸的事发生了。遥望港是南通地区一条通向大海的大河，为便利通航，同时为便于当年新兴的滩涂农垦区内泄洪防涝，御潮蓄淡，改良土地，在祖父的统领下，议定在出海处建设一个流量大、桥梁能开启的九孔拦河大桥，这在当年是一项少见的大工程，特来克工程师负责主持闸、桥等的建造。特来克工程师的助手也是他亲密的战友宋希尚先生曾描述过当年建设工地的自然环境："周围数十里，找不到一草一木，天空地面鸟兽绝迹，浩浩无垠赤地千里，找不到一滴可饮的淡水。"可见环境十分恶劣。特来克工程师在很短的时间内，完成了设计工作，工程开始施工后，他经常到工地现场检查指导，却意外地得了霍乱病。宋希尚先生在《值得回忆的事》一书中作了详细叙述："工程（遥望港九门大闸）正在开始轧钢筋闸墙闸墩的重要关头，特来克例行前来巡视，他到工地时，正是非常炎热的夏天，他忍不住夏天海滩的闷热，无处可以洗澡，就在附近的海水潴池中，再次去沐浴，我虽婉言劝阻，未能接受。就在当天傍晚，因游戏，他为警犬咬伤尚在包裹中的手臂，忽然感到剧痛，同时上吐下泻，头晕目眩，知已感染了严重的霍乱症，在短短的一昼夜间，无数次的吐泻，顿使一健壮男子，变成筋疲力尽，处于昏迷状态。我们大家着了慌，但在这荒野的工地，根本毫无医疗设备，不得已，星夜返回南通。不幸，于到达他亲自设计督造的南通城中公园钢筋混凝土桥边，这位热心干练年仅二十又九的工程师溘然长逝。"时为 1919 年 8 月 18 日。

特来克工程师逝世，祖父十分悲痛，他曾说："君至则栖处江滨，朝夕测度，审视三阅月，申父说而任事。其于謇礼视父执至恭。"特来克和祖父朝夕相处，他对祖父的亲和、理解、帮助、尊重，使祖父深感特来克工程师更像自己的儿子，而不是职员。（"To me, he, in all hisdealings, seems more like a sonrather than an employee."）

特来克工程师英年而去的消息传来，南通各界人士无不惋惜和哀悼这位国际友人、亲密战友。祖父立即通过上海荷兰领事馆，向他的母亲老特来克夫人致意，表达最诚挚的慰问和最大的歉意，老夫人高风亮节，虽极度悲痛儿子的早逝，却十分镇静地表示：特来克工程师为中国水利事业献身，就让他在南通人民的身边安眠吧，和南通的人民永远相伴在一起。南通地方在祖父的主持下，为特来克工程师举行隆重的公葬仪式，葬于南通剑山之麓，按祖父的吩咐，"墓地面西"。祖父亲撰墓表：

"县之人闻君之死疫，无识不识，皆悼叹之甚。通俗诚质，岂必人人有君子忠厚之心，其贤乎君，亦君之贤有以致之。……君于治工，早作而夜思，无寒暑间。……君母若弟，感君与通之人相厚，许葬于通；而以君所得中国之图书，赠通图书之馆，亦足令人慨乎想见其家人之有礼矣。"

老特来克夫人将特来克工程师保存的中国图书，全部赠送给南通图书馆。祖父将《河防一览》英文本送交上海荷兰领事馆，他们认为该书在学术上有重大价值，征取老夫人的意见，呈送给荷兰政府，现珍藏在海牙国家图书馆。

墓表最后，祖父写道："君于南通，誉永世兮。"这道出了中国人民、南通人民的心声。特来克君，你造福南通，你的荣誉将留芳万世！八个大字永远镌刻在特来克工程师墓地后上方军山石上，永志纪念，永不磨灭，永示后人。

20 世纪初，相隔 9000 千米，祖父和特来克工程师为中国与荷兰两国人民的友谊写下了重重的一笔。

科学人才

祖父一直强调："立国在于人才"，"科学是一切事业之母"。这贯穿在他一生的创业之中。

我父亲孝若公对祖父注重科学观念曾有一段叙述："他的思想，他的计划，他的行为，没有一件不注重科学的原理，采取科学的方法，信用科学的人才。在三十年前（1894 年左右），我父用了外国机器办纱厂，废了科举开学堂，当时人都认为骇怪的事，我父不加闻问，抱定他的主张，认为世界的进化，国际的竞争，中国要强要富，决不是旧理论旧法子，可以办得到的，至少方法是一定要学一学欧美日本了。所以他创办事业，无论实业教育事业，都主张有根据科学的预算和方法，办河工是绝对主张抛弃旧法，要用测量和机器工程，造房子对于地脚光线，一定要采取合于科学建筑的原则，开一条河，造一段墙，都得先要有比例的预算，办事著书，尤其主张着重数字和精密的统计，不赞成笼统含混的理论。"

祖父深切地感到中国科学之落后，与西方（英、美、德等国）差距甚大，急需大力发展。他说："文明完全是科学的结果所造成，哪有物质和精神的区别。"祖父在大的方面，强调要用新的知识，要有科学的观念，要敢于、善于吸收新的事物；具体的事情，如项目和工程等，更要求符合科学的原理和采用科学的方法。

19 世纪后期的中国，农业经济、自然经济占主导地位，苏北大平原更是如此，祖父在将近六万平方千米的苏北大平原上创建了第一家机器生产的工厂"大生纱厂"，可以说是资本经济、商品经济在苏北大平原最早的萌芽。他明确地认识到，要发展，要立于不败之地，关键在于注重实效，要树立不可动摇的科学观念，要坚定不移地学科学，掌握科学的知识和方法，才能取得好的效果和不断的进步。他说："盖今日为科学发达时代，科学愈进步，则事业愈发展。"

祖父每天阅读大量有关书籍并利用一切机会收集资料。光绪十七年（1891年）他的好友顾延卿出国时，他请顾延卿广泛收集西方农政水书，在信上写道："走比岁留意树畜，略有所得。尝欲仿徐文定、陈云间例，博辑农书，而所得盖鲜。……闻闽人罗稷臣言，泰西（西方）农政水书讲求至核；西人图绘，其制实精。倘获其书，必有出文定所得之外者。……延卿旧学宗法亭林，所见必同，求必有得，幸广搜录，嘉惠故人。"他迫切追求新的科学知识的心情是人们难以想像的。

科学是关于大自然、社会与人们思维发展规律的知识体系，是实践经验的总结。1913年至1916年，祖父任农商总长期间，建立了各种实验示范场所，如中央农事实验场、第一农林试验场、第二农林试验场、棉业试验场、种畜试验场、气候观察所、权度检定所等。

祖父主张推行棉铁主义，发展纺织工业，首先从根本、从源头、从资本积累抓起，大力倡导以科学的态度进行棉种的引进、试种、改良和推广。祖父精心研究了世界先进国家的植棉史后指出："闻之美国选棉种于埃及，政府以全力注之，试验十八年而后成。吾通试验棉作，亦八年于兹，收集世界棉种至百五十种，何以尚未能快然意满也乎？吾通棉作试验成功之难，亦将为十八年，抑或短于十八年，非可逆睹也。"祖父聘请美国专家卓伯逊（H. H. Jop-son）帮助建立南通第二棉作试验场，经过多年的引种试验，通过实际的检验和比较，认定在各类美棉系列中，"以脱里司量（即脱字棉）为最良，纤维则以哥开拔地维培棉为最长"。金字棉系列棉种最为优良而高产，在大生系统所属16个农垦公司的新垦棉区推广后，改变了用我国棉花只能纺制8—12支纱的局面，使中国棉纺工业有了纺制32—42支较精细棉纱的原料。我国著名棉花育种专家俞敬宗在《江苏棉作科学》一书序言中说："19世纪后期开始，随着沿海地区机械棉纺工业的兴起，刺激了江苏植棉事业的发展。特别是张謇开发苏北沿海棉区，大规模引进陆地棉品种，以南通为中心向全国开放，可以说开我国近代植棉业的先河。"

祖父打破陈旧的观念，提倡中西医结合，强调要以科学和实事求是的态度对待中医中药。1914年，他为南通医学院题写的校训即为"祁通中西，以宏慈善"。祖父针对中药"性味虽别而未精详"，请上海药学家旭尔登先生联络德国柏林大学药学院院长汤姆斯教授、化学工程师马勒，对常用的二三百种中草药进行化验。祖父在自己亲手创办的南通医学院中，组织展开中西医结合的试验，中医科加生理、化学两门课程，西医科加本草药务课程。祖父谈道："中医主气化，治虚症亦诚有独至之处。""医犹汽车、电车，药犹规与道也。药通，然后可以求医之通。"中西医结合，可各发展其所长，各补其所短，是正道。

祖父注重科学，很重要的一方面是强调"数据"，收集"数据"、洞悉"数据"、分析"数据"、研究"数据"、运用"数据"、保存"数据"，几乎成为祖父办一切事业的要领，西方经济学家称资本经济、市场经济为"数字经济"，深入浅出地阐明了资本经济和市场经济的规律和特征。为全局、长远的科学决策考虑，祖父科学地建立了方志和档案工作制度。近代，南通地方志以及大生集团公司的档案最为完整是众所周知的，为国家经济和社会事业的发展，发挥了良好的作用。

祖父深有感触地谈道："盖今日为科学发达之时代，科学愈进步，则事业愈发展。""只有大开国门，放进来，打出去，全面参与世界市场竞争，才是真正的对外开放。"在19世纪末，祖父就有这样开拓、开放、全面的思想，是非常可贵的，值得我们后人深思。

祖父认为科学和人才是分不开的。祖父尊重人才，更广用人才。他明智而客观地看到，西方国家科学发达，基本处于领先的地位，认定"为其先者，在借异域之才"，"但于用人一端，无论教育实业，不但打破地方观念，并且打破国家界限。人我之别，完全没有必要，只要那个能担任，无论中国人外国人都行"。为了创造一个"新新世界"，他从国外聘请了各行各业的专家、学者、工程师、技师等人员，通过他们，将先进的科技知识、经验在国内传播，为我所用。农业、农垦、水利、江海护岸保坍等，聘请了荷兰的奈格、贝龙猛、特来克，以及瑞典的施美德、英国的葛雷夫、意大利的平爵内等工程师；地质勘探聘请了法国的梭尔格博士、瑞典的安特森博士；纺织厂建设、机器安装、工艺设计聘请了英国的工程师、技师；医学、医院聘请了德国专家海格门等；化工、精炼食油聘请了德国化学博士；制盐引进了日本技师；改良土壤、改进棉花良种聘请了美国专家卓伯逊等。第一次世界大战爆发，我国向德国宣战，在我国居住的德国人必须遣回时，祖父知道其中有少数不可多得的科学家和专家，就主动向国家当局提出并相商，得到当局的同意后，留下了十余人，聘请他们分任企业的专家、顾问和学校的教授。专家们工作非常出色，祖父予以称赞和奖励，并向他们一再表达了感谢的心意。德国专家们能在一个安定的环境里工作生活，发挥才能，他们同样也十分感谢祖父。当年加盟祖父创建的大生集团公司的国外专家、教授、工程师等外聘人才，有来自美、英、德、法、意、澳、日、荷兰、比利时、瑞典十个国家，包括纺织、农垦、盐业、化工、水利、交通、电力、采矿、冶炼、火柴、医药等各方面的专家和各类学校的教师。祖父不放弃一切机会引进人才、知识、技术，为祖国的强盛作出了不可磨灭的贡献。

祖父认为，对外聘人才"非优予薪金，不能罗致"。因此，各单位都给外聘人员较丰厚的报酬，精心安排他们的生活，包括饮食、起居等。祖父还耐心说服对此持有意见者："诸生目前当先存一辅助穷弱中国工程进步之心，不应于俸给之多少，加以计较。"祖父尊重专家，关心他们，和他们建立友谊和感情。1923年父亲出访欧美考察实业，祖父一再嘱咐父亲代他亲向曾在大生纱厂工作的汤姆斯和弑纳问候，并赠送《南通风景》画册和影集，以表达怀念之情。

荷兰工程师特来克应祖父之聘，来南通任保坍会和南通水利会驻会工程师，负责沿江保坍筑堤工程和垦区的水利工程。1919

年在督造遥望港水闸工程时染上霍乱，抢救不及而去世，年方29岁。祖父征得特来克工程师的母亲和荷兰政府的同意，将其公葬于南通剑山之麓，并亲自撰写了墓表，永为纪念，称赞特来克"嗜学、虚己、善爱"。祖父在写给荷兰驻上海领事馆的信中谈道："特来克君在通，任事非常勤慎。其于南通，凡鄙人兄弟所营地方水利工程之事，即不在楗工范围以内者，无不乐为尽力，擘划周详。公德热心，真不愧为老友奈格（特来克的父亲）之肖子。"2000年8月，特来克工程师的侄子侄女从荷兰专程到北京出席第三届张謇国际学术研讨会，赴南通祭奠他（她）们的先叔父特来克，并向啬公（祖父）墓献了花篮。

1914年，留美学生赵元任、胡明复、杨杏佛等发起，在美国建立了中国科学社，1918年迁回国内，却苦于没有会所、办公室和试验室等。祖父十分重视该社，热心地向江苏省当局反映、做工作，终于将南京成贤街文德里安排为中国科学社的社址，祖父又致函徐世昌总统，建议将"准于暂行借用，不收租金"改为"永久管业者"。社属生物研究所经费拮据，祖父主动捐款一万元。1922年应祖父的邀请，中国科学社第七次年会在南通召开，梁启超、杨杏佛、马相伯、陶行知、丁文江、竺可桢、茅以升等出席了会议，会议取得很大的成功。在送别的宴会上，祖父语重心长地说："吾人提倡科学，当注重实效，以科学方法应用实业经济之研究与社会心理之分析。迨成效既著，人求之不遑。执此道以提倡科学，未有不发达者。此为吾数十年经验之结论，愿诸君由此以兴科学。"中国科学社为表达感谢之情，以新建生物研究所作为献给祖父七十寿辰的贺礼，并向祖父致词："本社名誉社员张季直先生：耆年硕德，利用厚生，科学昌明，群贤先导。同人敬献生物研究所，以志纪念。中国科学社同人敬立。"祖父被选为董事会董事，并被推为中国矿学会会长、中国工程师学会会长。

祖父重视科学的理念，唯才是用、广纳群贤的人才观，是他事业取得成功的重要原因，体现了他的高尚品德。

主权至上

　　1915 年，袁世凯为了换取日本对他复辟帝制的支持，不顾国家的主权和尊严，不顾人民的权益，5 月 9 日基本接受日本帝国主义提出的企图灭亡中国的"二十一条"，激起了全国人民的怒愤。祖父坚决反对，同时将每年的 5 月 9 日称为五九国耻日，在学生的集会上，祖父沉重地发表演说："今日为国耻纪念日，诸生集会于此，鄙人不能无言。耻，人所不可不知；人而无耻尚不可以为人，矧在一国。第中国何为而有国耻？应亦反省。譬如疾病虽发于风寒暑湿，而实由于正气衰残。……日人乃得以乘间抵隙肆其无理之要求也。国民果能团结精神，培养实力，如个人之调和血气，则国耻从何而生？如鄙人所持棉铁主义，倡之于二三十年前；尝谓果用吾言，必杜绝他邦宰割之谋。……今日之集会，果即足以雪耻乎？……以今日联合集会之精神，贯注于永久，果能循斯道以力行之，庶几知耻之道矣。孔子谓知耻近勇，盖知耻而思所以雪之必有坚忍不挠激昂慷慨之气，斯即勇之道也。……气欲其沈而蕴于中，不欲其浮而张于外。"

　　祖父说："夫人莫哀于心死，事莫痛于亡国。"在他心中占据第一位的是祖国的主权和尊严。

　　祖父 1915 年从北京回到南通，全身投入"地方自治"事业，但每时每刻都注意着国内外发生的一些大事。

　　第一次世界大战爆发后，日本趁机派兵侵入我国山东，实现它替代德国占领我国山东半岛的阴谋。1918 年，当时传来北京政府将与日本订立密约的消息，祖父立即向北京政府发出质问和阻止的函电："顷沪报载中日秘约全文，不胜惊骇。按全文二十四条，第四，互换军用地图；第七、八，日军队在中国适当地方巡屯设塞，皆不确定何地；十一、借款夹入'财政'二字；十二、夹入'其余各矿（日）皆有开采权'语；十三、日管我兵工厂船坞；十四、（日）管我全国铁路……二十条以'中日两国于各条有修改者，若一国否认，仍继续有效'，为无漏义之劫制。凡此诸条，明目张胆，兼巧篡豪夺而有之。苟为中国人而良心未丧尽者见之，孰不眦裂？……亟请解释披露，以消群疑。……若公然视国如私物，奉以予人，供人宰割；国之人，强者不必言，即至弱者，亦口有诛而笔有削。谁秉国钧？谁秉国成？窃为明公惜之。……敢以密叩。"

总理段祺瑞复函："自俄德单独媾和，德国利用俄之激党，侵入东亚，中日地均边俄，我既参战国，与日本共同防敌，自不能无所协商。……绝无以此国国内权利任彼国侵占之事。……值此外势纠纷，苦于应付；忝肩巨任，时时审慎将事，每惧难餍国民。……热心厚谊，敢不拜嘉。……流言止于智者，庶几宏达察而辟之，大局幸甚。"这些话无非是搪塞加说谎，实际上其卖国行为更超过了袁世凯。

1918 年底，第一次世界大战结束，巴黎和会将要召开，中国也将派团出席。祖父郑重地上书总统和国务院，并给代表团团长陆徵祥写信，请在和会上提出解决关税自主和撤销领事裁判权两大问题。祖父指出：裁判权涉及司法改良，不是马上就能够实行的；但由于不平等协议的约束，国家无自由制定税法之权，商事、商民深受其害。与此同时，祖父动员商界发起成立"主张国际税法平等会"，被公推为会长，他以平等会的名义致电巴黎和会，提出协定关税是不平等条约的产物，中国是独立国家，却不能享有其他独立国家的权利，不合国际公理，必须将协定关税改为国定税，否则列强将实行剥夺中国经济利益的"灭绝人道的行为"。

但巴黎和会上，列强无视我国也是战胜国，无视我国的主权和利益，狼狈为奸，把该会作为他们权利调整、重新分赃的会议，公然将我国山东权益划归日本。此事引起我国人民极大的愤怒，广大青年学生走向街头，发传单，呼口号，发表演说，呼吁全国各界赶快行动起来，"外争主权，内除国贼"，伟大的五四运动爆发了。

祖父致电直达北京政府徐世昌总统、段祺瑞总理："自巴黎和约以山东权利归诸日本，全国愤恨，愈演愈激，此为三年以来亲日政策之结晶。……最可痛者，于德军垂败之时，（日本）寺内内阁已倒之际，更在东京订立济顺、高徐两路借款之约，而媵（陪嫁之意）以胶济合办之附件。最可骇者，路约未订之先，我公使先以导意之公文，致彼同意之答复，引绳自缚，足扼我国巴黎专使之吭。……政府亦知胶济、济顺两线之重要乎？该路为自海口至腹地之东西干线，以军事言，以政治言，均极重要无论矣。……山西之煤，足供他日世界所需。其精华萃于潞泽，将来必由顺济以达青岛而输送海外。故今日握胶济、济顺两路之实权者，他日将有操纵山西煤矿之权。……方事之起，政府观察以为党派作用，由一二人所指使，于是时而威吓，时而敷衍，岂知国人常识，已较胜于七八年前。今舆情愤激，全在外交失败。……今日试召罢学、罢市、罢工之人，询以是否受人运动，虽懦者亦将忿怒。……且政府恃以维持现状者，军警耳，军警宁非国民，岂无耳目？岂无心肝？辛亥之事未久，两公皆所亲历者。……敢不罄所识虑，尽言于善人？千万谅察！"要求总统必须"一扫平常敷衍之策"，严令不得在和约上签字。

祖父字字悲愤，句句激励，说明事理，伸张正义，对工人、学生、商界表达了充分的理解和同情，立场鲜明地支持学生及各界的爱国行动。那时，祖父度过了多少个不眠之夜。

及至"五卅事件"发生，祖父公开发表声明给予支持，并送去大量物品表示慰问。但五四运动以后罢课现象不断出现，引起了祖父冷静的思考。他一贯认为："要救国家，御外侮，非培养深沉固厚的民气，和创办实事求是的农工事业不可。而这种生机和责任，是要青年明白担负起来。……爱国要专静地求知识，救国要有真实的事业，要雪国耻，更应该有卧薪尝胆长时间的准备。"所以祖父担心学生经常罢课，会荒废学业，影响为国效劳的能力，因而抱取反对的态度，甚至主张给予倡导者一定惩罚。

1921 年，美国发起召集太平洋会议，邀请中国出席，政府本聘请祖父担任高等顾问赴美出席会议，祖父因事未能前往，但他极力支持推举国民代表出席会议，并在财力上给予资助。祖父认为可借此机会再次争取取消不平等条约，达到挽回主权的目的。等到太平洋会议召开，却传来日本干扰的消息。祖父一面给政府发电报，同时致电与会的施肇基、顾维钧、王宠惠三代表："顷沪传大会消息：中国政府代表，至今未将鲁案及二十一条提出。风声所播，众怀疑愤。……学界语尤激切，无分南北，一致从同。……昨已忠告政府，请电美即提矣。最要者，即撤废二十一条协约，及收回胶济路，断不与某国一方合办。……睿为诸公计，政府有电固当提；即无电，亦当设法在大会声明。全国国民所注，非常坚决。盼及早提出。"虽然祖父的要求未完全实现，但他心犹未死，不放过任何机会表达中华民族的意志和挽回国家权益的决心。他同时给北京政府和我国出席太平洋会议的顾维钧等三位专使又发出急电。正如父亲孝若公所言："我父爱国爱民的真诚，决不以在野而放弃国民应负的责任。"

20世纪20年代初，日本自恃国盛，横行霸道。某日，一艘日本军舰于南通港口停泊，日人任意上岸游猎放枪，如入无人之境。祖父十分愤怒，立即给日本外务省写了一封义正词严的信："南通县者，敝国江苏省之内地，非开辟商埠可比。依照公法约章，行旅商人，非有该国及本国护照，不得擅自登陆，何况军队？……查军队无故闯入与国内地，则非地而非法。……平时贵国兵士未受何等文明之教育，抑蔑视南通县不足以享得此世界法律上应有之权利。……中日之必应亲善，地势为之；果亲果善，中之利，尤日之利；贵国人之以此口头语示好于中国，不啻百口一声；以为伪，则明明有此言；以为诚，则绝无恳挚光明之表示，但有尖利儇薄之行为，而皆以军队动作，为代表之帜。……起视贵国，则暴富之后，趾高气扬，侵略之策，巧取豪夺，方日出而不穷，鄙人方以为是贵国之不祥……非贵国之福。……贵大臣须知南通非世界绝无人知之地……但尚欲一觇贵国政府何以处分宇治军舰不守约章执枪分队闯入内地之事。是以于请我政府诘问贵大臣外，仍以中日义当亲善之观念，敬问贵大臣，愿赐答复。"在公理面前，祖父绝不后退，坚决与玩火者作针锋相对的斗争。

为弘扬爱国精神，祖父为明末奋勇抗倭、屡歼来敌的勇士曹顶立亭塑像。曹顶骑着高马，提着长刀，威风凛凛，正气浩然，瞻仰的人莫不肃然起敬，为他保卫国家、爱护人民、坚决抗击日寇的精神和行动所感动。祖父同时在附近办了一所小学。他还写了《曹公亭》诗一首：

> 人亦孰无死，男子要自见。
> 曹生磊落人，无畏赴公战。
> 鲸牙白草纤，马革黄金贱。
> 荒原三百年，突兀一亭建。
> 田夫何所知，亦说单家店。

注：当年，曹顶屡战屡捷，日寇愤恨至极，一雨天，日寇设计，一面伏兵于城北单家店，一面佯败引诱曹顶追击，曹顶被日伏兵所包围，雨大地湿，曹顶所骑战马滑倒，终遭杀害，牺牲于单家店，故该诗有"亦说单家店"之句。

祖父在曹公祠碑文中写道："顶未读书，术略亦疏焉，要之必不与国仇共生之气，足以薄霄汉而洞金石，壮矣哉！今三四十年中，日本于我之前事，视倭何如也？士果如顶，县之人能以重顶者自重如顶，渊其智，岳其气，一夫而万夫，一世而十世其可也，何有于国仇。"以此唤起大众。

袁世凯执政并掌握军权后，实际成为我国最大的军阀，1916年至1926年，祖父去世前十年间，皖、直、奉、西南、江浙军阀间战争不断。祖父心情十分沉重，多次规劝各方。1921年湘鄂之战爆发，祖父向南北双方第一次发出电报："勿更以军阀为天下无敌万世可传之事业，勿更以军阀召集国会收买政客议员为不二之秘诀，贻人口实，毒我民生；庶几外可泯列邦乘机侮我之野心，内尚留国民一线未绝之元气。"后又发第二份电报："同胞相杀，战祸绵延，商业凋零，生灵涂炭，凡有血气，谁不渴望和平。……哀我小民，命悬于南北当局之手。……但野老之愚，惟知和平两字为神圣，亦愿诸公扫除虚一切之门面，与其忘远虑而重近忧，不如推诚心而布公道，双方明示悔觉。"不久，祖父再次发出第三份电报："顷以太平洋会议关系重要，国内须先息争，捐除成见，勉趋一致，以便对外，分电竭诚奉劝。"第二年，奉直军阀干戈又起，祖父分别致电双方进行劝导。1924 年，内战更为扩大，江浙军阀开战，各不相让。祖父再次发出电报："欧战告终，内争不已，川陕湘鄂之民，堕于兵革蹂躏之中极矣；死丧枕藉，室家倾荡，呼号惨痛之声，宁不泣神鬼而惊遐迩。……我江浙人民既不愿以一官一职供人之政争，更不以一兵一饷助人之暴行，有违是者乎？我江浙人民无甘心承认之理，亦冀我两省民意代表机关，与军民行政当局有所表白，以安人心，息邪说也。"

有人说，祖父坚决反对军阀战争，并利用自己的社会地位和社会影响规劝各方军阀放下武器，主要用意在于保护他的事业。应该说有一定道理，但不全对。祖父固然珍惜事业的发展，但他根本的动机在于期望国家和平，人民安定。祖父认为，长期以来，战争不断，国家元气大伤，需要一个长期休养生息的和平环境。战争不能解决任何问题，却使国家更为衰败，人民生活更为艰难。解决纷争，只有"于国是为有序之进行"，"进行之第一义，则速谋招集代表民意机关之国会是也，苟能行之，则民主真正之精神，及国人之出水火，登衽席，庶几有望"。

大生厄运

早在 1920 年，大生集团在鼎盛时期，祖父即已告诫同仁职工："营业之道，先求稳固，能稳固即不致失败，即失败亦有边际，企业者不可不知也。大凡失败必在轰轰烈烈之时。"未料不出一二年，情势大变，大生出现了极大的财务危机，大生一、二厂亏损达 70 万两，负债 47.6 万两。其内因正如祖父自己反思时谈到的："一由于事大本小，一由于运筹失策，固无可讳，而时际之花贵纱贱，动受束缚，亦一大原因。""事大本小"是指大生集团资本原始积累的薄弱和不稳固，表现在公司当局和股东的利益冲突上，更多地照顾了股东的短期利益。"运筹失策"，如祖父所说："南通实业，三五年来急进务广而致牵搁。"战线拉得太长，管理滞后，也未处理好企业与慈善事业之间的关系。祖父还认为，赢利之年"未将溢分之利分年留作机本，是一大错"，即未处理好生产和再生产之间的关系。"时际之花贵纱贱，动受束缚"情况的出现，主要根源还在于我国棉花资源不足，外来资本不断侵入，民族工业处于劣势。

客观上的因素是，第一次世界大战结束，帝国主义卷土重来，更强化占领了我国大部分市场。据 1925 年统计，日本在华投资的棉纺织业就达 15 家公司、48 个工厂，纱锭突破 150 万枚，织机 7000 台，占中国全部纺织设备的二分之一和三分之一。与此同时，1920 年至 1922 年三年间，国内相继发生直皖战争、粤桂战争和奉直战争，国不成国，家不成家，民不聊生。第三个原因，由于遭遇特大暴风雨，大有晋农垦公司 1921 年已经收获的棉花全部被风雨大水侵蚀而霉烂。大丰公司播种面积达 15 万亩，但因这场暴雨，丝毫未收。

　　大生集团公司和祖父创办的其他事业之所以走入困境而难以自拔，主要与社会大环境有关。祖父与涩泽荣一是同时代中国和日本两位杰出的企业家，他们为国家的强盛，经济的发展，推行资本主义市场经济作出了重大的贡献，取得很大的成功，但结局却完全不同。因日本推行明治维新，废除各种封建制度，强化政治改革，为市场经济发展，制定严明的法律并推行有力的辅助政策，给予各种帮助，特别利用金融为杠杆支持企业的发展，日本企业如鱼得水，欣欣向荣。再回看中国，政府腐败，军阀混战，制度落后，祖父基本处于孤军奋战的状态，非但得不到政府的援助，还要受到各方面的阻碍。

　　天灾人祸像一场暴风骤雨，使大生集团公司在瞬间几乎全部覆没。但祖父并未丧失信心，仍以较多的精力抓管理，设立盐垦纺织总管理处，建立系统管理和财务检查监督制度等。同时争取日本和美国的资金以渡过难关，通过公司高级人员向日本资本家涩泽荣一提出借款的要求，日方立即派驹井德三到盐区考察，虽表示有浓厚的兴趣，但不脱资本家狡猾的本色，终未提供贷款。

　　1925 年，上海方面中国、交通、金城、上海四银行和永丰、永聚钱庄组成债权人团，接办大生各厂。接办之前，受上海永丰钱庄委派，将到南通任总经理的李升伯先生到南通考察了解情况并拜望祖父。祖父为李升伯制定了考察路线，详细地介绍自己创办各事业的总体设想、经历和目前情况。李升伯辛亥革命前夕在上海民立中学学习时，就随老师在南京亲聆过祖父的演讲，深受祖父实业救国、教育救国思想的影响，回校后撰写了《不甘心中国是一个落后国家》的作文，作为终身的鞭策。祖父和李升伯交谈时，问及他参观考察后的感想，李升伯脱口而出："中国不是一个落后的国家。"这不禁触动了祖父深藏在心中、一生从未轻吐的宏愿壮志，也使他对李升伯先生的思想为人有所了解，很赞赏。祖父历来求贤心切，他从李升伯拟定的计划中看到大生复兴的希望。李升伯有计划地积极地全面加强科学管理，大力引进资金、人才、技术、先进设备，完善成本核算，在原有基础上，继续搞好原料基地建设等。李升伯先生晚年回忆："（我）看见四先生一生的工作为国家、为大众，而不是为自己。佩服他这一颗爱国的心。"李升伯先生认真负责，勤奋工作，加强管理，采取措施，与父亲紧密配合，使大生集团公司出现转机，得以复苏。

自爱自重

　　祖父 41 岁中状元，功名来得已经很晚，光绪二十四年（1898年）祖父 45 岁才有了我父亲，那就更晚了，然而，这终究是大喜事，祖父对父亲的疼爱和期望可想而知。父亲出生后，祖父写了一首动情的诗：

> 生平万事居人后，开岁初春举一雄，
> 大父命名行卷上，家人趁喜踏歌中。
> 亦求有福堪经乱，不定能奇望作公。
> 及汝成丁我周甲，摩挲双鬓照青铜。

　　第三句"大父命名行卷上"说的是一件趣事。光绪十一年（1885 年）祖父参加顺天乡试时，尚无儿子，但是卷子上必须填三代名字，曾祖就让祖父在子名下填"怡祖"二字，而实无其人。父亲说："等到我母吴太夫人生了我，于是十三年以前的卷子上的人名，方才真有其人。"（1956 年在一次宴会上，毛泽东主席向我叔父张敬礼谈到祖父时，钱学森先生也提到，他幼年在学校书本上阅看过祖父所写的《怡祖说》一文。）

　　我大祖母徐氏夫人，18 岁嫁到祖父家，与祖父十分恩爱，孝奉翁姑，勤俭持家，曾祖和曾祖母很欢喜。祖父终年在外奔忙，家事全靠祖母料理。祖父将近 40 岁还没儿子，"无后"是中国家族中一件大事，徐氏祖母主动提出为祖父纳吴氏夫人，才有了我的父亲。徐氏夫人重礼仪，有见识。见祖父办学校，她也提倡女学，拿出自己的私房钱帮助祖父创办女子师范，还在家乡常乐镇祖宅旁办了徐氏小学。

光绪三十四年（1908 年）三月二十五日，徐氏祖母去世，祖父好像失掉了一只臂膀，非常悲痛。祖父尊重夫妇相敬之礼，平等相待，和子女一样戴重孝，穿丧服，麻衣麻帽。同时把一切恩爱之情深深地寄托在他为徐氏祖母立碑并撰写的墓志铭中。

吴氏祖母，即我们的亲祖母，当然是我们张氏的大功臣。她是如皋县双甸人，10 岁就离开吴家庄为林梓沈氏外曾祖父母所抚养。祖母性情温和，重礼节，尤富有美术技能，家庭粗细工作无一不能。有了父亲，祖母必然疼爱万分，但教养有方，从不过分宠爱。祖母同情并经常周济贫苦的人，她的绣品在国内赛会（展览会）上多次得到奖凭和奖金，奖金都给了穷人。

祖父对父亲既慈爱又严格，经常对祖母和家人说："小孩子溺爱他，就是害他。你们望他成立，就得严正地管教他。"祖父经常给父亲讲从前家世贫苦的情况。光绪二十九年（1903 年），父亲 5 岁时，祖父去日本考察，请来日本幼儿教师森田政子在家中开班，教育父亲和邻家儿童等 10 人。祖父特定《家塾章程》11 条，要求父亲等尊师爱友、守时好学、讲究礼貌、爱护财物、清洁卫生等。祖父请森田老师选择浅近易懂的古乐府和唐诗教孩子们朗读，"读到烂熟"。祖父亲自撰写儿诗为歌词，交日本老师谱曲教父亲等歌唱，如《池中金鱼》：

> 风吹池面开，一群金鱼排。
> 小鱼摆摆尾，大鱼呷呷腮。
> 白鱼白玉琢，红鱼红锦裁。
> 我投好食不须猜，和和睦睦来来来。

父亲 9 岁时，祖父买了一部《爱国二童子传》、一部《徐霞客游记》给父亲看。

祖父盼儿成长心切，对父亲的要求十分严格，父亲刚到 10 岁即离家求学，16 岁时，被祖父送到远在青岛的德国学校学习，18 岁到南洋群岛游学，19 岁又去美国深造。别人都劝祖母："眼巴巴养了一个独子，为什么让他远去？"祖父回答说："小孩子望他成人，就得让他离开家历练历练。父母哪能包住他一辈子。"

父亲是祖父唯一的亲生儿子，他幼年即远离家门和各位亲人，独立生活，独立学习，虽得到实际的锻炼，但从内心来说，祖父和父亲的心情同样是很矛盾的，父惜子，子想父，思念之情日日在心头。

父亲在青岛学习，生日那天，捧阅祖父寄来的短诗：

> 听过江潮听海潮，记儿生日是明朝。
> 老夫对烛频看镜，白发因儿有几条。

父亲到异地他乡，难免流露出思家恋亲的情绪，祖父给父亲的信中写道："父廿九日来沪，得儿十七日讯，为之怆然。父昨又寄去一诗及改儿之诗，早晚当收到。父岂不欲儿常在侧，顾世事日变，非有学问不能有常识，即不能有声望。居今之世，若无学问常识声望，如何能见重于人，如何能治事，如何能代父，故不得不使儿阅历辛苦，养成人格，然后归而从事于实业教育二途，以承父之志，此父之苦心也。儿今在校，须定心求学，不必常常思家，常思则苦，胸襟即不开展，亦有碍于身体。校规即不严，但得自己律身严，则焉往而不可。做人须自做，专恃校规管束，教师督促，非上等人格也。"

父亲在课余写些诗文寄呈祖父，祖父总是认真修改后寄回，如："今晨为儿批注论文，可照父批暇日作之，亦浚发心思之一法。"1915 年，父亲 17 岁，祖父又命他随澳大利亚羊毛商雅大摩司夫妇到澳游学，开阔眼界，增长知识。祖父给父亲去函："儿须知无子弟不可为家，无人才不可为国，努力学问，厚养志气，以待为国雪耻。"1917 年，祖父安排父亲到美洲游学，进美国哥伦比亚大学学习。中秋重阳节，父亲思念祖父倍切，写诗寄呈祖父，祖父为慰勉父亲，寄回一首：

> 抟抟大陆东西极，父子中间情咫尺。
> 日珠月镜荡且摩，万里晨昏见颜色。
> 中秋几日即重阳，怜儿视听非故乡。

　　　　有诗岂足语彼族，彼于佳节犹寻常。

　　　　儿有女小不识月，有弟才知糕可尝。

　　　　父读儿诗与母听，如儿宛转爷娘旁。

　　　　我今种桂高可隐，种菊明年须万本。

　　　　待儿成学归来时，年年扶我醉卧西山陲。

　　父亲赴美时，祖母在观音大士前跪拜许愿敬绣大士像，祈祷保佑父亲远行平安。（祖父也亲写"心经"五幅，为父亲远行求平安。）日复一日，针复一针，一年以后，1918 年 7 月父亲取得学士学位后，平安归来，绣像也如期完成。父亲之所以回国，是考虑到祖父年迈，亲友们又不断劝说他早日回国伺奉老父。家人相聚，固然高兴，却未合祖父总想让父亲在外多学几年的意愿，因而他在年谱上写道："怡儿游学归，本欲其留美三年，遽归非吾意也。"祖父对子孙既有浓厚的感情，同时又十分理智，大局在胸。

　　父亲从美国回来后，就组织了县自治会。他在写给友人陈心铭的信上谈到组织自治会的宗旨："弟日来思发起一团体，此团体即代表南通全县人民之团体，以之谋南通全县实业教育交通各种事业之改进与发展。……南通事业创造之祖，当首推我父。但南通全县之事业，断非我父个人之事业，巩固南通之事业，发皇南通之事业，其责任当南通全县人民共同担负之。庶南通之事业与日月而俱长，不因我父而兴废。……总之南通人民须自居于主人与自动之地位，我父不过发其端，启其机耳。固愿南通全县优秀分子，代表全县人民，聚集一堂，从容讨论全县各种事业具体之规划，依次进行之方法也。"父亲既热爱祖父，更从内心充分理解祖父的事业，认为地方自治必须顺应潮流，向更高的阶段发展。父亲不愧为祖父的好儿子。梁启超写信给祖父："昨得睹南通县自治会报告书，颇有生子当如孙仲谋之感，想公当掀髯以笑也。"

　　父亲进入社会做事，祖父对他的教诲要求更为殷切，强调人格情操最重要。祖父对父亲说："处人须时时记定，泛爱众而亲仁一语。尤须记'谨而信'一语。所谓《论语》《孟子》，信得一二语，便终身受用不尽也。""儿须自爱自重。自爱自重无他，在勤学立品。何以立品？不说谎，不骄，不惰，不自放纵任性而已。"
他结合自己多年经历和体会说："我虽接近政权几年，但从无不正
当的结合，或不可告人的隐事，金钱界限，毫不含混，清白自持，
力保人格。"

1922 年，父亲 24 岁，国民政府任他为专使率团到欧美日等九
国考察实业。祖父又庄重地为父亲写了一篇使行训，其中写道：
"顷者政府恤国步之艰，民生之瘁，特命儿子怡祖使欧美日本诸国
考察实业。……实业，赅占农工商业，今声光电化。……中国地
大物博，待兴之业，百业未举，望治之人，若饥企食。……子 L
子曰：言忠信行笃敬。……考察亦有要道焉，记口：'博学之，审
问之，慎思之，明辨之，笃行之。'……往哉，悼念父言，毋陨
使命。"

祖父和父亲之间的深厚亲情是难以形容的。父亲说："我父生
我很晚，他希望我成立做事的念头自然很殷切。我二十一岁从美
国回来以后，就帮着他处理对内对外的事情。他管束我教导我，
和从前小时候一样严厉方正；可是讲到办事方面，他很能容纳我
所有的意见，譬如有一件事，我父已定了一个办法，我认为不妥
的时候，可以详细将不妥的理由，和我的办法说出来，我父一听，
如认为有理，确比他的办法好，他就立刻抛弃他的主张，用我的
意见。就是向来我所管的事，他从不来干涉，我向来所用的人，
也从不来进退。在不责善的见解以外，又有划清办事界限和责任
的意思。所以我一生最崇拜我父，他是我的知己；我父也最信用
我，我是他的忠仆。虽然是父子的天伦，确做到友谊上的了解，
意趣间的和谐。"父亲不幸早逝，我方 7 岁，成人后，我对祖父与
父亲之间的情谊，尤为感切，终身常忆。

祖父对待第三代，如对父亲一样，既深爱亦严教。1916 年 12
月 12 日（十一月十八日），我大姐非武出生，祖父十分喜悦。
1920 年，大哥融武出世，祖父更是异常高兴，作了一首诗，其中
写道：

同辈屡见孙，迟迟我举子，及我抱男孙，曾元数邻里。

祖父再累，也要抱着大哥融武观鱼，教大哥说话，有诗云：

> 雏孙爱指小鱼看，三寸江湖曷与宽。
> 孙问几时长似我？鱼长或作应龙蟠。

融武哥满周岁那天，按风俗，在他面前摆了各式各样的东西，有文具，也有用具等，让他去拿，大哥别的都未在意，只将一面小小的国旗拿在手中，祖父高兴极了，父亲也喜在心中，祖父立即写了一首诗：

> 戈睆不曾提，从容舞国旗。他年能爱国，是我好孙儿。
> 爱国须读书，书能正人智。但为敦敏人，不望露神异。

爱祖国是祖父一生永远不变的主题。

祖父出外，总惦念着子孙，不忘托人送回新会橙："新会橙十二枚，半给非孙（大姐非武），半给融孙，均令留皮供药。"祖父每次外出，给祖母写信，总要问大姐非武身体好否。

祖父对父亲和祖母既满怀深情，也感到欣慰，他说："我儿，是我家庭一个慈祥孝弟识事理有分晓的好子弟。……我儿之母，是女界中一个知处家有耐性的善女人。"

1921年，祖父集七位古人——汉刘向，三国诸葛亮、王修，隋颜之推，唐柳玭，宋胡安国、朱熹教子警言，书刻于石，教诲子孙做一个有良好道德的人。

祖父一生创建了许多事业，在国内外有一定的声誉，但祖父一概淡然处之，因为他所追求的是国家的富强和人民的幸福。他留下的几句话，使我们终身、代代受益："我家外面，看似富贵人家，然却不是寻常富贵人家；又似农村人家，然又不是寻常农村人家；是读书为善守礼务本人家；不喜虚华，不谈势利。""我不愿意日后我家子孙做官，我愿意出几个明事理的读书人。"随着年龄的增长，我们更理解祖父希望我们做一个平凡而自重的人是对我们最大的爱护。

祖父五兄弟，二伯祖、三伯祖和祖父为金太夫人所生，二伯祖 10 岁时已故，三伯祖与祖父最亲，一同上学，互相照顾。以后祖父事业有成，介绍三伯祖到江西德化贵溪任知县，很有功绩。光绪二十年（1894 年）后，祖父的事业需要人照料，请三伯祖回来帮忙。基本上祖父主外，三伯祖主内，相得益彰，但也有不合之处。父亲曾很坦率地谈道："伯父性情偏于陈旧，自信力一强，兼听力自弱。对于时代潮流趋势的眼光，和创办事业的科学观念，都没有我父那样嘹亮贯澈。加以我父毁家经营利人事业的胸襟，他更望尘莫及。因此后来几年，二人时常发生意见，不能一致，一个人的牙齿舌头，同在嘴里，还有相碰的时候，所以他们说过闹过，也就完事，丝毫不存芥蒂。曾经有一二回，伯父又因事气恼了，我父不愿老年兄弟有失和睦，总是亲去磕头赔礼，自己认错。……我父和伯父，有时候意见不能相同，也是常情，不足为怪。难得兄弟友爱之情，直到我父瞑目，还是和小时候一样，我们看了伯父七十生日我父的诗，就明白了：生自田家共苦辛，百年兄弟老逾亲。人间忧患知多少，涕泪云谁得似真。"

予为事业生　予为事业死

　　祖父一生信奉《易经》中"天地之大德曰生"一语。祖父对友人谈道："我们儒家，有一句扼要而不可动摇的名言'天地之大德曰生'，这句话的解释，就是说一切政治及学问最低的期望，要使得大多数的老百姓都能得到最低水平线上的生活。……换言之，没有饭吃的人，要他有饭吃；生活困苦的，使他能够逐渐提高，这就是号称儒者应尽的本分。"

　　祖父一生的愿望和追求是顺应时代潮流，学习世界先进国家的经验，推进国家现代化的进程。刘厚生先生曾谈道："张謇一生似乎是一个结束两千年封建社会封建旧思想，最最殿后，而值得注意的一个大人物。同时亦是走向新社会，热心为社会服务的一个先驱者。"在我们国家从几千年传统的封建小农经济社会向现代工业化、城市化、商品经济社会转型的历史时期，祖父努力奋斗而成为我国现代化开创期最全面的探索者、参与者、实践者、开拓者，为我国早期现代化作出了一定贡献。

　　祖父认为儒道的立论十分伟大中正。"经孔子的推演，筑定了很坚固的根基，成了有系统的学理。"在通州师范学校开学时，祖父亲自写了一首《祝先师歌》：

孔子之任，素王之事。

孔子之教，忠信孝弟。

其所著见，诗书六艺。

牖民知觉，俾民不昧。

民有知觉，乃有生理。

贱贵智愚，广以无类。

先师先师，惟我孔子。

猗欤孔子，猗欤先师。

　　祖父认为儒学教化于人类的影响是十分重大而深远的，但绝不能以宗教来对待孔子和约束他的理念，拿教主的帽子戴在孔子的头上，形式上似乎是对孔子的尊重，实际上是对孔子和儒道的小视和诋毁。同时，祖父不赞成宋儒道学的教条和束缚性。他力主朴学，提倡"理论和行事相通相补"。祖父十分推重"学问固不当求诸冥想，亦不当求诸书册，惟当于日常行事中求之"。他认定读书人的责任，决不是读几本书、写几篇文章就算了事，要抱定"天下事皆吾儒分内事，吾儒不任事，谁任事耶"的信念。朴学讲真理讲实用，确能回复儒理的本真，扫除道学的虚顽。凡是读书人，都应该向实用的这条路上走。祖父一生始终坚持言行一致，不尚空谈，身体力行，脚踏实地，奋力实干。他推崇明末清初顾炎武的主张："载诸空言，不如见诸行事。""必古人所未及就，后世之所不可无而后为之。"父亲说："我父立志要拿儒理从死的变活的，从空的变实的，这是我父一生读书重儒的抱负和力行的法则。"

　　祖父认为佛教、道教的观念都是一种极高的哲学，也是修身克己的学问，能够造就艰苦卓绝的人格。对待佛学、道学应该像对待哲学一样去研究，但不可迷信。

　　祖父十分重视人的道德品格，认为一个人要坚守、始终如一，要重气节、重操守。他说："愿成一分一毫有用之事，不愿居八命九命可耻之官。"

　　祖父对后汉人士田畴（字子泰）十分崇奉。董卓之乱，田畴率领宗族和随从几百人到徐无山中种田养亲，百姓都很敬重他的德义。曹操请他出来做官，他坚决不就，后来魏文帝赐爵于他的后人。父亲说："我父立志不做官，办厂种田兴教育，处处以田子泰自况。"祖父为垦牧公司大厅所题名即为"慕畴堂"。他到垦牧区周视临海正在开发的滩涂时，写了一首诗：

> 雄节不忘田子泰，书生莫笑顾亭林。
> 井田学校粗从试，天假无终与华阴。

祖父十分推重吴敬梓《儒林外史》一书，认为是我国的一部文学杰作。他深深为此书的洞察社会、轻描淡写、旁敲侧击、击中要害、引发深思、极富艺术感染力所感动，尤其钦佩吴敬梓不做官、不爱财的伟大人格。

祖父一生对待众生和事物，表现出豁达、包容的胸怀。光绪十二年（1886年），祖父应礼部会试时，同年沈乙庵告知祖父，近日他得到一旧拓礼器碑，绝佳，想送给祖父，隔日即命专人送到，为祖父送行。祖父非常高兴，但因当时事情较多，未及时阅览。过了数月，祖父为集碑字，偏寻该碑不见，怅惘不已，经反复思索，"心口相语"，渐有省悟。他在《失碑书铜井文房拓礼器碑后》一文中谈道：我得此碑而不能朝夕相共，等于未得，也等于已失去此碑；我失去此碑，必有人得到此碑，得碑者，能十分喜爱而有所收益，又何必一定要为我所有。我虽曾得到此碑而未能很好地爱惜，对该碑帖来说，能为既喜爱它，又能发挥它的作用的人所有，岂非更大的幸事。"我且无我何有物，物自为物何与我。我忘物则我净，物忘我则物净。惘惧何益。"祖父心里踏实了，更乐观、坦然地面对一切。

江苏都督程德全与祖父有多年的交往，有一次两人交谈时，程德全想到世事艰难，感慨地说："天下哪一件是我的？"祖父回答道："天下哪一件不是我的！"正反两句话，体现了一定的哲理，也可理解祖父的抱负、胸襟和追求。他对同事们说："现在一风一雨，一冷一暖，都与我事业有关，都在我的心上。而且有时候，垦地农产要雨，内河行船要旱，开辟道路忌雨，建筑运料要水，同时又不能两全了。"

祖父认为和尚也是人民的一个团体，因而他在南通名胜——狼山办了一个僧立小学堂，选了两个识字的小和尚，送到师范学校去读书，祖父对他们说："你们能吃素最好，如果愿意吃荤，也没有什么不可。"有一位和尚常年帮助祖父种树，祖父奖励给他两首诗：

> 成佛生天也要勤，三千种树即名勋。
> 双林我亦称居士，但不参禅不断荤。
> 若说真空已累身，既然著我合观人。
> 当家看尔承师祖，战却修罗扫四尘。

我父亲孝若公曾说，祖父一生志愿十分伟大，很有"鞠躬尽瘁，死而后已"的气概。祖父曾对三伯祖说："此后之皮骨心血，当为世界牺牲，不能复为子孙牛马。"

在故居濠南别业先像室（用于供奉祖先画像）内，有祖父写的一副对子：

> 将为名乎，将为宾乎，自有实在；
> 瞻望父兮，瞻望母兮，如闻戒词。

祖父一生行事，最注重"勤劳耐苦，百折不回"。办教育，培养人才，着意培养民众尤其是青年艰苦耐劳的优良品格。他为通州师范学校题词"坚苦自立，忠实不欺"，为通州师范附属小学题校训"爱国、爱群、爱亲、爱己"。为南通大学农科、纺织科、医科分别题词"勤苦俭朴"，"忠实不欺、力求精进"，"祁通中西、以宏慈善"。

祖父创办事业，靠着自己的本分和能力，实实在在地去做，事业成功了，他就感到心里有一种趣乐和安慰；遇到了困难，总是继续努力，渡过难关。顺利时，绝不声张；逆受时，也不向任何人诉苦。他曾对办事人员说："一个人到了危难的境遇，还是要抱定拿牙齿打落在嘴里和血吞，连手都用不着去摸肚子。"

祖父的许多成功，都是在困难中，依靠勤奋、坚忍不拔的意志而取得的，因此他常说："我一生办事做人，只有独来独往，直起直落八个字。""我办实业不做市侩，我办农垦不做沙棍。"他注重了解实际情况，听取众人的意见，但在真理是非面前，绝不向强权、欺骗、虚假等恶势力低头和妥协。他说："与其贪诈虚伪的成功，不如光明磊落的失败。"他又说："失败不要紧，第一要失败得光明，第二要失败以后有办法。大家打起精神，决心再来打一个败仗以后的反攻，不要馁不要退。"他一生客观、严格地要求自己："功不必自我出，名不必自我居。"

"坚苦自立，忠实不欺"，是祖父为他亲手创建的通州师范学校题的校训，也是他终生为人行事不可动摇的准则。他一生做事、创办事业，最注重勤苦耐劳，常常告诫同仁和办事人，不可走上贪图安逸、享乐奢侈的道路。祖父严格要求自己，言行一致，以身作则。他办厂有厂约，办校有校规，提出"艰苦耐劳"的格言，注重将职工、师生培养成身心健康的公民。

父亲孝若公谈道："我父（张謇）一生，绝无功名得失心和政治上的野心，然而时时刻刻抱着用世之心和创造事业的大志。他做事，嘴里不说空话，只管做实事，笔下写出来的，也是可以做得到的事。碰到棘手困难的事，只是不声不响。一不求人，二不馁气，终日终夜，想应付解决的方法。有时越碰钉子，越提他的勇气，越经困难，越振作他的精神，他的成功，没有一件不是从劳苦困难中得到。……所以他凡事未办以前，十分审慎，等既办以后，那无论任何艰难曲折，他是要奋斗直前，坚持到底；他的审慎，就是他的果断，他的毅力，就是他的事业。……我父生平做事，只晓得实实在在，闷了头守着他自己的本分，靠着他的能力来做他的事，达到他的志愿；事业成功了，自己心趣上有一种安慰，有时做一篇文，咏一首诗，叙那时的感想，留作日后的印象，假使遇到了困难的局势，他仍旧靠他的努力奋斗，以渡过难关。所以在平常顺手的时候，除非是人家来看来问，他是绝不愿标榜宣传，使人家晓得了帮他鼓吹。到了逆手的时候，也不向人诉苦，更不求人帮忙。"

祖父无论事业成功或曲折失败，总是保持内心的平静。即使遇到棘手难以解决的事，也处之泰然，不改常态；甚至人家要毁坏他的事业，或者事业随着大形势的变动出现危机的时候，他亦冷静达观，重思考，消除一时成败的狭念，更没有荣辱的成见。

他说："凡事，我看他成功，又看他失败；或者我来做成，人来捣毁，都算常事，不用惊奇。"

祖父主张想事看事要早十年，思想要有时代性，要顺应世界潮流，孟子说："圣之时也。"

祖父一生的志愿，就在为国为民办事。1922 年 11 月，日本政府委派的调查员驹井德三亲到南通访问祖父，祖父对他说："予为事业生，予为事业死。"祖父在给一办学校的人的信上说："学问兼理论与阅历乃成，…面研究，一面践履，正求学问补不足之法。……下走（指祖父自己）之为世牛马，终岁无停趾；私以为今日之人，当以劳死，不当以逸生；下走尚未忍言劳也。死后求活，惟持教育。"父亲说，祖父将为利人牺牲生命财产，看成是一件最坚决、最荣誉的事。

祖父六十岁生日时，有人前往祝贺，他一律婉谢。但他带头捐款集资建立养老院，并许诺继续捐款集资建立第二、第三养老院。第三养老院开幕时，祖父满怀热情地演说："今年政七十矣。人恒以寿为重，其实人之寿不寿，不在年岁之多寡，而在事业之有无。若其人果有益于地方，虽早夭亦寿，无益于地方，即活至百岁，奚得为寿。"

他还谈道："慈善事业，迷信者谓积阴功，沽名者为博虚誉，鄙人却无此意，不过自己安乐，便想人家困苦，虽个人力量有限，不能普济，然救得一人，总觉心安一点。"

祖父创办事业不依赖政府和他人，而是以自己的努力去创造财富、积累财富，他认为是"世界最光明有价值的事"。他在进京赶考和办实业的时候，有几回没有旅费，就卖字。后来育婴慈善事业经费发生困难，他数次卖字筹集资金："南通前年歉，去年灾，农饥商疲而金融滞。……而所负地方慈善公益之责，年费累钜万无可解除，亦无旁贷也，求助于人必无济，无已惟求诸己。往者尝以慈善一再鬻字有例矣，鬻字犹劳工也。……自登报日起，鬻字一月，任何人能助吾慈善公益事者，皆可以金钱使用吾之精力，不论所得多寡，限断一月，此一月内，定每日捐二小时之字，无一字不纳于鬻。"写完了一个月的字，祖父写了一首诗：

大热何尝困老夫，七旬千纸落江湖。

墨池径寸蛟龙泽，满眼良苗济得无。

为国家、为社会、为百姓，祖父怀有远大的理想；要做事、要成事，他极力主张从一件一件实事做起。长期以来，他有一段话使我们后人受益深远，不好高骛远，不虚浮于世："天之生人也，与草木无异。若遗留一二有用事业，与草木同生，即不与草木同腐。故踊跃从公者，做一分便是一分，做一寸便是一寸。鄙人之办事，亦本此意。"

归于山林

直皖战争后，1922年奉直战争又起，国家没有一天安宁。国家衰败，人民更陷入万分穷苦之中。祖父几十年所创事业也因世界形势的变化、国内连年的天灾人祸，难有发展。因而产生了退隐之意，只求再读书，安度最后的岁月。

祖父近七十岁时说："一个人一生要定三个时期：三十岁以前是读书时期；三十岁到六七十岁，是做事时期；七十岁以后，又是读书时期。"祖父平生有两项爱好，即"建筑"和"树木"。他爱"建筑"，因为建筑体现时代的特征和社会文明的不断进步，他亲手经营建造的南通博物苑（南楼）、江苏省议会大厦、南通商会楼、南通俱乐部、濠南别业等，体现了我国从封建时期迈向早期现代化的进步的时代精神。他爱"树木"，充分表达出对大自然无限生命力的向往和忠诚。他始终如一地坚守"与草木同生，即不与草木同腐"的人生哲学。祖父从小深受家庭、曾祖的熏陶，热爱房屋建筑等。祖父在曾祖的墓志铭中写道："府君督謇兄弟读书力田。……每作一事，必具首尾；每论一事，必详其表里。……艺蔬种树，横纵成列；位器疏密，皆有尺寸。"祖父在回忆曾祖的《述训》中又写道："后有兴作，凡木石砖瓦，一一度其修短厚薄之尺寸而预计之，无有差忒。临时必使謇兄弟杂作小工，而于砌墙每层将合时，尤令注意于需砖之度，相其修短厚薄，检以界工。曰：工屡觅砖，或断砖不合，则耗时而费料，亦以是练儿童之视力。至他人家，亦视其营造之合否而教之。以是謇于土木建筑计划，稍稍有知识。"

祖父发展实业、教育，将大量精力投入各种建筑的筹划、组织、设计、施工中，以取得更好的质量、美观效果和使用价值。

父亲有一段叙述："后来办实业教育所造成的建筑，一年比一年多，他对于区域的选择，地点的位置，和门窗配置的合于光线，地脚筑高，避去阴潮，在在均有科学的研究。没有一年没有新的建筑……所有建筑，都是力避华丽，最求坚实合用。他大有必得广厦千万间，大庇天下寒士俱欢颜的气概。"祖父喜欢建筑、建筑事业，无不和他的意境、他的理想联系在一起。

祖父出生在海门常乐镇，光绪二十九年（1903 年），在老宅的西边建了新宅"扶海垞"，堂名为"尊素堂"。常乐宅子的园林很大，四周都是田地，竹篱外饲养猪羊，河里饲养鱼虾。树阴蔽天，菜畦邻比，还是村庄的景象。祖父在南通城里时间多，逢春节、清明，有时回到常乐，享受一两天田园的乐趣。祖父曾作《上冢还扶海垞》诗：

> 万事消磨万劫尘，一年归作一回春。
> 阶缘斗蚁纷寻友，树落惊禽突撞人。
> 风雨直驱花过眼，兵戈如劝酒沾唇。
> 鹿门旧侣凋伤尽，头白瞻天上冢晨。

光绪二十年（1894 年），祖父开始在南通创办实业、教育等近三十年，不是住在大生厂里，就是住在博物苑，直到 1915 年父亲结婚，祖父才在濠河北侧营造了自己的住宅，取名"濠南别业"，英国式建筑。江易园先生送祖父的对联上写道：

> 有庇人广厦万间，最后乃营五亩；
> 非举国蒸民饱食，先生何暇安居。

父亲说：祖父将到七十岁，就心心愿愿地准备实践他那第三时期再读书的计划，考虑到读书与做事不同，需要有个安静幽雅的地方和环境，所以在五山一带长江江畔建了别墅，"有的傍山，有的临水……"房屋都无宏大华丽的气象，却有茅舍野趣的结构。

最先，在狼山北麓建了林溪精舍，小桥流水，松竹成林，十分幽静，溪边有一雄伟的石头，祖父取名为"磊落矶"，吴昌硕题写的字。祖父写《精舍独宿》诗一首：

> 冷逼空斋夜早眠，壁光闪动火炉边。
> 拥衾忆远堪谁语，满耳山风泻暴泉。

精舍西邻为观音院，祖父在院内新建"赵绘沈绣楼"，建阁三层为殿阁。赵为宋代名画家赵孟頫，沈为当时的刺绣名家沈寿，阁内陈列了众多观音像，有绘画的、有刺绣的；雕刻有石的、有玉的、有木的，千姿百态。父亲曾有意敦请弘一法师、太虚法师来院主持。

在军山脚下，祖父建了东奥山庄家庙，设受颐堂，有一副对联：

> 是以君子慎言语节饮食，利涉大川，由颐厉吉；
> 至于要道去健羡绌聪明，光耀天下，复反无名。

并作《独游》一诗：

> 便闲不得暇能抽，每入山时爱独游。
> 莲影夹桥穿沈墓，松风一岭上虞楼。
> 烟云起灭浑常态，鱼鸟情亲足胜流。
> 暂得辟人犹辟世，下帘含笑对茶瓯。

在五山中最小的黄泥山北麓建了西山村庐，靠江边最近，风景最幽雅。祖父为之作了几首诗，选其中一首：

> 似客林空好，无人世或闲。沧胥天下泪，沈寂眼中山。
> 獯獮纷今古，乌鸢任往还。百年非远计，双鬓若为斑。

在山上卓锡庵旁，祖父建了隔江眺望虞山翁师墓庐的虞楼，

《宿虞楼》诗表达了祖父对恩师翁同龢无尽的思念：

> 为瞻虞墓宿虞楼，江雾江风一片愁。
> 看不分明听不得，月波流过岭东头。

在小山突洼处设置了千株梅树挺立的梅垞，晚冬初春，满岭梅花盛开，轻雾里一片花海。

马鞍山上，祖父建我马楼，楼上有岑台，是较高的地方，北可看到城市，南可远望江景。祖父作《我马楼绝句》：

> 淡似睡眉初二月，细如喘息五更风。
> 一宵我马楼头住，消受惟应老秃翁。
> 地僻江晴山更暖，人言寒待过前年。
> 眼边世事犹难料，都付檐头不语天。

南通习俗，每年春节正月十五傍晚入黑时，乡民焚烧田间河边的野草，满山遍野一片火海，犹如白居易著名的诗句"野火烧不尽，春风吹又生"的景象。城里人也成群结队地上山，和乡民手足共蹈高唱山歌，祈祷丰年的到来。祖父晚年常常约了好友，登楼赋诗，曾有"元宵观烧狼山麓，用火之遗礼成俗"之句。

南通城里五公园是城中园，是南通人民和祖父休息放松的地方。楼台亭阁分布在东、南、西、北、中各园中，小桥穿针引线将各园有机地连在一起，祖父集各名家的字、诗、联、词为各楼、台、亭阁加匾，如清远楼（王羲之字）、水西亭（米芾字）、与众堂（颜真卿字）、回碧楼（宋太宗字）等，不一而足，相映生辉，各得其所。另题写对联。与众堂联：

> 有底忙不来，白日青春，花开水满；
> 且应醒复醉，倾壶倚仗，燕外鸥边。

宛在堂联：

陂塘莲叶田田，鱼戏莲叶南莲叶北；

晴雨画桥处处，人在画桥西画桥东。

戒旦堂是专供妇女游园集会休息的地方。祖父写了几句跋，提倡早起："日见地上为旦，明也。"

南公园内设一楼，名"千龄观"，落成时，恰好是三伯祖生辰，祖父约请了一百多位六十岁以上的老人欢宴其中，最长者一百零三岁。祖父献诗一首：

南濠云水映楼台，碧瓦朱甍观又开。

不是私家新缮筑，要容敬老万人来。

秋天，公园里有菊花展，夏日有端午会，全为市民而设。有时，民间老百姓将所藏钟馗画像集中到公园一展风采，好不热闹。

祖父从苏州买来游船苏来舫、星河艇等，荡漾在濠河水面，有时文人相聚，有时学子高歌，和祥万千。每逢佳节良辰，祖父总是约了友好，唱曲作诗，游宴消遣。

父亲孝若公谈道："我父晚年意境，非常旷达，情趣因之开爽，那退隐的生活，满带着恬淡诙谐的风趣。他从功名富贵中走出来，而不走进那颓废浪漫的途径，后来几年的隐居，差不多就是诗的生活。"

祖父喜好建筑，更爱种树。他说树多林多，对空气能起到调剂作用，有利于农事，又有利于美化人民的生活环境，使空气新鲜，风景美丽。在城市，在农垦区，必预先按规划布局种树；建设时，首先保护好古树，在南通到处可以看到德国槐和白杨，五山每年扩大种植面积，从江面望去，层层林木，满目绿色，如云如雾。他在任农商总长时，公布4月1日为我国植树节。

父亲说，祖父晚年休闲时，观赏各种名树花木，情不自禁地作诗歌咏。今录三数首：《松》

邹学轩前秀两松，亭亭影到小池中。

喜如儿子都成长，正要盘根受雨风。

《院竹》

> 檐下青藤络石柔，砌边新笋觑空抽。
> 先生最爱扶孤直，放汝干云出一头。

《高柳》

> 主观客观各胜负，盛日衰日人寒温。
> 一藤便足致千岁，何处清虚招汝魂。

《冯生振之遣人送映山红至，寄谢以诗》

> 富春船过映缸红，江上栖霞远望同。
> 我有好山须点缀，劳君分遣过江风。

《中隐园看五宝杜鹃》

> 主人爱花兼爱客，花颜自红客头白。
> 主人重客客重花，红红素素充一家。
> ……

祖父爱树，空心老柳、已死的榆根，他更爱惜。他还写诗表达自己的志向和心情：

> 世间万生死，齐物孰得失。
> 欲究种种因，造物语亦塞。
> 假使生石林，当入谁何室？
> 人弃我取焉，是为嗇翁嗇。

即此粗完一生事　会须身伴五山灵

　　1926年夏，天气十分炎热，祖父到西林梅垞休息。7月26日（六月十七日）日记载："临怀素，读左传。"7月31日（六月二十二日），祖父觉得遍体发热，但仍惦记着在大风大浪中的长江北岸，第二天清晨，他不顾风寒，坚持偕同工程师去姚港察看江堤，计划修建急需的石楗，"至姚港东视十八楗工"。8月7日（六月二十九日）下午，祖父病情渐重，已支持不住，三伯祖、祖母和父亲接祖父回到城里濠南别业，当夜电邀上海宝隆医院德医白鲁门托克博士（Dr. Blumenstock）来通诊治，诊断为胃肠炎。次日又请上海奥医赖司赉博士（Dr. Razley）来诊治，诊断为心脏衰弱，连打强心剂。另请中医沙健庵、刘祖权等诊断医治，认为暑湿内陷，恐怕要虚脱。8月21日（七月十四日），祖父病情更为严重，父亲向来不信仰上帝，也不相信菩萨。但在皎洁的月光下，父亲跪求上天，保佑祖父转危为安。到了8月24日（七月十七日）早晨，医生很肯定地对父亲说："你父亲的生命，已难有把握了。"父亲走近祖父床前，握着祖父的手，祖父望着他，显出不舍的样子。到了中午，祖父的声息渐渐细微，双眼渐渐合闭，永远离开了这个世界。

　　11月1日（九月二十六日）清晨，天气异常晴爽，朝阳渐升，光芒四射，蔚蓝的天穹，明净得一片云都没有，霜露凝盖树上，愈觉澈亮，寒肃之气，侵入肌骨，好像上天有意给祖父一个光明冷峻的结局。素车白马，四方来会葬的，和地方上的人，共有万余，都步行执绋。枢车经过的地方，沿路观望的乡人有数十万，都屏息注视作别，送祖父到他永远长眠之地。坟地是祖父生前自己择定的，已经种了不少的树木，前面直对着五山，墓上不铭不志，只在墓门横石上，题"南通张季直先生之墓阙"。祖父自拟墓门联语：

即此粗完一生事，会须身伴五山灵。

祖父逝世后，国民政府颁发了悼扬令："张謇耆年硕德，体国忠诚，位望崇隆，邦人所重。民国肇造，于建设因革诸大端，多所赞助，嗣后……筹画经营，效绩昭著。比年引退，尤复振兴实业，造福邦家。方冀克享遐龄，共谋国是，讵意偶患微疴，遽尔溘逝，老成凋谢，怆悼殊深。著给费治丧，派员致祭，生平事绩，宣付国史立传，并交国务院从优议恤，用示笃念耆勋之至意。"

祖父生前曾得到国民政府三次嘉奖，第一次因参加创建共和，被授以勋二位，祖父发出辞电："未知何以慰民也而忽有勋，未知何以为民也而忽有位……良知尚存，不敢应命。"1922年，国民政府晋授祖父以勋一位，并颁发一等大绶宝光嘉禾章，祖父又婉辞："顷奉明令，晋授謇以勋一位，循思悚愕。……謇诚惶恐，读书十年，而犹常人也。……謇今者愿寝成命，置不施行，俟诸水利稍见措施，或有成绩可告天下之一日，庶赏者不僭，受者可安。"因祖父推行地方自治明见成效，国内外均有介绍，政府拟先取法于南通，于是令省县官厅详察祖父所办各事，上报以后，内阁特令褒奖："张謇前以邑绅，在南通提倡自治办理学校善举及一切公益事宜，迭次捐资巨款，该总裁家本清贫，以创办实业之余财，为嘉惠地方之盛业，洵属急公好义，为国楷模，本应加以崇奖，惟该总裁耆年硕德，素却虚荣，应即特令褒扬，风示全国。"

祖父逝世，国民政府首任总理熊希龄送来长长的挽联：

咨汝治水，咨汝明农，咨汝弼教，咨汝共工，虞廷虽奋庸熙绩，古无能兼，何期时丁标季，名世挺生，海滨独创艰难业；祀之郊庙，祀之明堂，祀之瞽宗，祀之乡社，祭法以崇德报功，公皆弗忝，所嗟数厄贞元，一老不慭，邦国同深殄瘁哀。

祖父逝世的消息传出以后，各处的挽唁函电如雪片而来，"许多地方不约而同开会追悼，举国都有木坏山颓的哀感"。原民国大总统黎元洪挽联：

> 仕隐系兴亡，居然成邑成都，代养万民光上国；
> 安危存语默，堪叹先知先觉，未完七策奠新邦。

梁启超先生挽联：

> 一老不遗，失恸岂惟吾党？
> 万方多难，招魂怕望江南！

蔡元培先生挽联：

为地方兴教养诸业，继起有人，岂惟孝子慈孙，尤属望南通后进；
以文学鸣光宣两朝，日记若在，用裨征文考献，当不让常熟遗篇。

章太炎先生挽联：

> 承濂亭薪火之传，能以文章弇科第；
> 载端木胡连之器，岂因货殖损清名。

近代著名教育家、南开大学创办人严修先生挽联：

> 化始一乡，观政从知王道易；
> 利贻百世，传家尤喜后昆贤。

我国著名的地质学家丁文江先生在上海追悼会演说："数年前余在美时，美前总统罗斯福死后，凡反对之者，无不交口称誉。

今张先生死，平日不赞成他的人，亦无不同声交誉。可见哀悼伟人，心理皆同。"

上海商务印书馆专家邝富灼专为外国读者撰写《现代之胜利者》一书，其中有一篇祖父的传记，评论他的为人和他创造的事业："聪敏人有创造一个机会的能力，虚瓦白施之于钢铁，他自己和公司国家，都得着无上的利益。洛克菲洛再施之于煤油，而即以之致富。在中国可以同他们并驾齐驱的，有张季直先生。……他抛弃了虚荣，更抛弃了因做官而得的势力和金钱，情愿找能替社会尽义务的机会，在中国实业上，另辟了一条新路，完全从他的机警、创造性和智慧几方面得来。先生为近代最高尚的学者，在四十年中，创造了很伟大而适合于中国的实业，而又把他的生长之地一个风气很闭塞的南通，变成中国的模范县。……著者曾经同英美法日各国外宾到过南通，访晤先生，参观地方各事业，大家所得的印象，都很深刻，不是说他是一个创造者，就赞叹他成就了何等伟大的事业，并且大家都确认为他所创造的南通，是中国的乐土。"

美国《亚细亚》杂志，登载了萨雅慈先生（Mr. Sites）的一篇文章，其中谈道："此等事业之光彩，诚可与欧美相颉颃，若求诸纯然东亚之内地，实可惊异；且种种进步，完全由华人指导，即美国最精干之改良家得闻其详，亦将引起有兴味之研究。夫负指导之责者谁欤？乃造就新南通之运命之张謇也。张公秉救世之正义，存利众之仁心，孜孜砣砣以一身为南通事业之原动力。……及观张公，始知中国大有人在。张公由科举出身，未入基督教，其清廉果敢，尽力于富国利民之事，洵中国之大教育家大实业家，行见与国家政治势力相膨胀，战胜于利己害国之政客及武人，可断言也。"

日本驹井德三先生受日本外务省和商务省的委托到中国调查产业、经济情况，并到南通访问祖父，后写了一本详细的《南通张氏事业调查书》，谈到他的感受："前日余访南通，拜领张公之教，张公曰：'予为事业生，予为事业死，虽曾就农商总长之职，然此不过为完成事业之一经过耳。足下为日人，闻斯言或觉奇异，然予信今日之最忠于中国国家者，在能完成一事，以示国民而不疑也。'……今者于中华国家，不问朝野，为开发中华抱一志愿而始终不改者，殆无一人。惟公独居南通之地，拥江北之区域，献身于实业之振兴，尽心于教育之改革，卓举效果，此世人之所以称伟也。""如张公所怀之理想，数十年始终一贯，表面以分头于实业交通水利之建设；里面则醉心于教育及慈善事业之学理，乃唯一主新中国之创造者，诚可谓治现今中国社会之良药，而非过言者也。"他还谈道："张公之所长：一、为头脑明晰，学识丰富，眼光宏远，且尊重科学，有研究应用之才。二、为意志坚固，有心有所决非达其目的不止之气。三、为其勇决在中国人中实所罕见，有虽千万人我往之气概。四、为其人格高沽，奉己甚薄，粗衣粗食，而持己甚严。五、为有高雅之风，对于学问书画，以及演戏各种文艺，极有趣味而时刻为之，虽掷巨万之私财，亦所不惜，有时忙中取闲，隐居山庄，或读书，或作诗，或应人之请，挥其大笔是也。"

我国文化巨人鲁迅的挚友日本内山完造先生1913年专程从上海乘船到南通参观考察，他在所著《花甲录》一书中谈道："南通这地方，出了一位伟人，他的名字叫张謇（季直）。因为他的原因，南通几乎被称为张謇王国，各项文化设施都经由张謇先生进行推广。诸如南通医学院、南通农学院、狼山天文台、博物馆、图书馆、中学校、戏剧学校等，在博物馆内所有展品，都附有中、英、日三种文字的说明。另外还有中国最初的纺织工厂大生棉纺公司、大生油厂、电灯公司及农业垦牧公司等，是中国当代最理想的文化城市，后来我还率领过五十多人特别从上海到南通参观各项建设，正因南通是这样一个经济繁荣、文化进步、活泼有朝气的城市，我们因而要更详尽地推广南通，我们又继续前往海门。"

刘厚生先生说："张謇一生似乎是一个结束两千年封建思想，最最殿后，而值得注意的一个大人物。同时亦是走向新社会，热心为社会服务的一个先驱者。"

梁启超1922年在中国科学社年会上发表演说："南通是我们

全国公认第一个先进的城市，南通教育会和各团体是我国教育界中之先进者，他们价值之高，影响之大，国人共知。"

胡适先生说："张季直先生在近代中国史上是一个很伟大的失败的英雄，这是谁都不能否认的。他独力开辟了无数新路，做了三十年的开路先锋，养活了几百万人，造福于一方，而影响及于全国。终于因为他开辟的路子太多，担负的事业过于伟大，他不能不抱着许多未完的志愿而死。这样的一个人，是值得一部以至于许多部详细传记的。"

学者力心、陈舰平深有感触地述及："当我们以这个标准（指'现代化运动的有意识的参与者与领导者，必须具有参与现代化运动的全面性与连续性'）来看中国现代化运动进程的开创期各代表人物时，发现张謇是中国现代化运动开创期，现代化运动最全面的参与者与贡献最大、历史影响最深远的开创者。"

章开沅教授说："在中国近代史上，很难发现另外一个人在另外一个县（市）办成这么多的事业，产生这么深远的影响，而至今在这个地区仍然到处可以感受到他的存在。"

附　录

张謇企事业一览表

名称	建立时间	地址
纺　织		
大生沙厂	1895 年	南通唐闸镇
阜生蚕桑染织公司	1903 年	南通唐闸镇
大生二厂	1904 年	启东久隆镇
大维公司	1911 年	武昌
大生三厂	1915 年	海门三厂镇
大生织物公司	1915 年	南通唐闸镇
大生八厂	1920 年	南通城南
南通绣织局	1920 年	南通城南
南通绣织公司	1920 年	上海
南通绣织局分局	1920 年	美国纽约
农　垦		
通海垦牧公司	1901 年	启东海夏镇
同仁泰盐业公司	1903 年	启东吕四镇
大有晋盐垦公司	1913 年	通州三余镇
棉作第二试验场	1914 年	南通城南
大赉盐垦公司	1915 年	海安角斜镇
桑园	1915 年	南通城北
大纲盐垦公司	1916 年	盐城阜宁县
天生果园	1916 年	南通天生港
华成盐垦公司	1971 年	盐城天生港
大豫盐垦公司	1917 年	如皋掘港镇
阜余盐垦公司	1917 年	盐城阜宁县
新通垦殖公司	1918 年	盐城阜宁县

名称	建立时间	地址
大丰盐垦公司	1918 年	盐城大丰市
大祐盐垦公司	1918 年	盐城郊区
合德垦殖公司	1918 年	盐城射阳县
泰和盐垦公司	1918 年	盐城郊区
遂济盐垦公司	1919 年	盐城东台市
通遂盐垦公司	1919 年	盐城东台市
中孚盐垦公司	1919 年	盐城东台市
耦耕垦殖公司	1919 年	盐城阜宁县
新南垦殖公司	1920 年	盐城响水县
淮丰垦殖公司	1920 年	盐城滨海县
大阜垦殖公司	1920 年	盐城阜宁县
和顺垦殖公司	1920 年	盐城阜宁县
裕华盐垦公司	1922 年	盐城大丰市
五山苗圃	南通城南	
渔 业		
吕四渔业公司	1903 年	启东吕四镇
江浙渔业公司	1904 年	上海
航 运		
大生轮船公司	1901 年	南通
大中通运公司	1902 年	海门
大达内河轮船公司	1903 年	南通唐闸镇
天生港大达轮步公司	1904 年	南通天生港
上海大达轮步公司	1905 年	上海
泽生外港水利公司	1905 年	南通唐闸镇
达通航业转运公司	1906 年	南通天生港
大达趸步公司	1918 年	海门
仓 储		
惠通公栈	1913	南通城西

名称	建立时间	地址
大储一栈	1917	南通唐闸镇
上海大储堆栈股份有限公司	1918	上海
大储二栈		南通天生港
大储四栈		海门
大储七栈		启东久隆镇
金融		
大同钱庄	1918 年	南通城南
淮海实业银行	1919 年	南通城南
南通县地方公债事务所	1920 年	南通
南通交易所	1921 年	南通城西
其他产业		
大生上海事务所	1897 年	上海
大兴面厂	1901 年	南通唐闸镇
翰墨林印书局	1902 年	南通城南
大隆皂厂	1902 年	南通唐闸镇
广生油厂	1903 年	南通唐闸镇
资生冶厂	1903 年	南通唐闸镇
镇江开成铅笔厂	1904 年	镇江
颐生酿造厂	1905 年	海门常乐镇
资生铁厂	1905 年	南通唐闸镇
懋生房地产公司	1905 年	南通唐闸镇
颐生罐诘公司	1906 年	启东吕四镇
通海实业公司	1906 年	南通
大昌纸厂	1908 年	南通唐闸镇
耀徐玻璃厂	1908 年	宿迁
大咸盐栈	1908 年	南通城西
复新面厂	1909 年	南通唐闸镇
大生公司	1910 年	上海

名称	建立时间	地址
大达公电机碾米公司	1912 年	南通唐闸镇
大聪电话公司	1913 年	南通城内
二吾照相馆	1914 年	南通城内
南通大有房地产有限公司	1916 年	南通城内
通明电气公司	1917 年	南通城西
大陆制铁公司	1918 年	江西
闸北房地公司	1918 年	南通唐闸镇
公共汽车公司	1919 年	南通
通燧火柴公司	1919 年	南通天生港
大山砂石公司	1919 年	南通天生港
中国影片制造股份有限公司	1919 年	南通城南
通海汽车公司	1920 年	南通
天生港电厂	1920 年	南通天生港
中华国民制糖公司	1920 年	
新通贸易股份有限公司	1921 年	上海
南通房产公司	1921 年	上海
大润灰厂		南通城郊
师范教育		
通州师范学校	1920 年	南通城南
女子师范学校	1905 年	南通城内
两淮师范学校		扬州
母里师范学校		盐城东台市
幼稚园		
张徐幼稚园	1913 年	南通唐闸镇
女师附属幼稚班	1914 年	南通城内
张扬幼稚园	1917 年	南通城内
张吴幼稚园	1920 年	南通城南

名称	建立时间	地址
基础教育		
市立常乐第一初等小学校	1904 年	海门常乐镇
通州公立第一高等小学校	1905 年	南通城南
张氏私立第二初等小学校	1905 年	海门常乐镇
唐闸私立实业小学	1905 年	南通唐闸镇
通海五属公立中学	1906 年	南通城内
张徐私立常乐第三初等小学校	1906 年	海门常乐镇
通州师范学校附属小学校	1906 年	南通城南
女子师范学校附属小学校	1906 年	南通城内
张沈私立常乐第四初等小学校	1907 年	海门常乐镇
张徐私立女子初等小学校	1914 年	海门常乐镇
张邵私立常乐高等小学校	1914 年	海门常乐镇
私立敬孺高等小学校	1918 年	南通唐闸镇
垦牧乡高等小学	1920 年	启东海复镇
女子师范纪念小学	1926 年	南通城南

注：据张謇《南通地方自治十九年之成绩》记载，至 1914 年已建成初等小学校 215 所。

职业、高等教育		
法政讲习所	1906 年	上海
吴淞商船学校	1906 年	上海
铁路学校	1906 年	苏州
私立农业学校	1907 年	南通城南
乙种商业学校	1909 年	南通城内
银行专修学校	1909 年	南通城内
国文专修科	1909 年	南通城内
巡警教练所	1909 年	南通城内
监狱学传习所	1909 年	南通城内
医学专门学校	1912 年	南通城南

名称	建立时间	地址
吴淞水产学校	1912 年	上海
通俗教育社	1912 年	南通城南
纺织专门学校	1912 年	南通唐闸镇
妇女宣讲会	1912 年	南通城内
镀镍传习所	1913 年	南通唐闸镇
保姆传习所	1913 年	南通唐闸镇
甲种商业学校	1914 年	南通城南
女工传习所	1914 年	南通城南
河海工程专门学校	1915 年	南京
伶工学社	1919 年	南通城南
蚕桑讲习所	1920 年	南通城南
发网传习所	1920 年	南通城南
特种教育		
盲哑学校	1913 年	南通城南
慈善机构		
育婴堂	1905 年	南通唐闸镇
改良监狱	1909 年	南通城内
医学专门学校附属医院	1913 年	南通城南
养老院	1913 年	南通城南
大生职工医院	1914 年	南通唐闸镇
贫民工厂	1914 年	南通城西
济良所	1914 年	南通城内
莘义	1914 年	南通城东
残废院	1916 年	南通城南
栖流所	1916 年	南通城西
老老院	1920 年	海门常乐镇
戒毒所	1920 年	南通
第三养老院	1920 年	南通城南

名称	建立时间	地址
大生医院	1922 年	启东久隆镇
文化事业		
南通博物苑	1905 年	南通城南
南通图书馆	1912 年	南通城南
更俗剧场	1919 年	南通城西
自治组织		
通崇海泰总商会	1904 年	南通城内
教育会	1907 年	南通城南
商品陈列所	1907 年	南通城西
农会	1908 年	南通城南
商业体操会	1909 年	南通城内
自治研究所	1909 年	南通
保坍会	1911 年	南通芦泾港
农会事务所	1912 年	南通城南
马路工程局	1914 年	南通
南通实业警卫团	1914 年	南通唐闸镇
通属七场水利总会	1917 年	南通城南
水利会	1917 年	南通城南
路工处	1919 年	南通城西
南通各实业总稽核所	1920 年	南通城南
教养公积社	1921 年	南通城南
织坊管理处	1922 年	南通城西
盐垦管理处	1922 年	南通城南
市政建设		
港闸路	1905 年	南通
测侯所	1906 年	南通城南
城闸路	1910 年	南通
城山路	1912 年	南通

名称	建立时间	地址
城港路	1913 年	南通
唐闸公园	1913 年	南通唐闸镇
军山气象台	1913 年	南通城南
公共体育场	1917 年	南通城南
东公园	1917 年	南通城南
西公园	1917 年	南通城南
南公园	1917 年	南通城南
北公园	1917 年	南通城南
中公园	1917 年	南通城南
青龙港铁路	1920 年	海门
跃龙桥	1920 年	南通城南
通海公路	1921 年	南通
第二公共运动场	1922 年	南通城南
大洋桥		南通唐闸镇
旅　　馆		
有斐馆	1914 年	南通城南
桃之华馆	1919 年	南通城西
南通俱乐部	1921 年	南通城西
崇海旅舍	1921 年	南通城南
永朝夕馆	1921 年	南通芦泾港

张謇年表 *

1853 年（清咸丰三年癸丑）（1 岁）
太平军战事中。五月二十五日卯时，生于江苏海门常乐镇。祖父卒。

1854 年（四年甲寅）（2 岁）
湘军曾国藩起。五弟警生。

1855 年（五年乙卯）（3 岁）
外曾祖母卒。

1856 年（六年丙辰）（4 岁）
英舰攻广州，中英、中法订《天津条约》。始读《千字文》。

1857 年（七年丁巳）（5 岁）
英法二军合攻广东。入邱氏学塾，名吴起元。

1858 年（八年戊午）（6 岁）
中俄、中美、中法订天津专约，英法军占领大沽。在邱氏塾。落水遇救。

1859 年（九年己未）（7 岁）
在邱氏塾。二兄詧溺水卒。

1860 年（十年庚申）（8 岁）
英法军占领天津，攻北京，帝避热河。在邱氏塾。往东台吊外祖母丧。祖母卒。

1861 年（十一年辛酉）（9 岁）
在邱氏塾。

＊ 编辑注：此年表据中华书局 1930 年出版的《南通张季直先生传记》中所附年表重排并编辑，特附书末。

1862 年（同治元年壬戌）（10 岁）

在邱氏塾。

1863 年（二年癸亥）（11 岁）

读完《三字经》《百家姓》《神童诗》《酒诗》《鉴略》《千家诗》《孝经》，学《庸》《论》《孟》，学属对。

1864 年（三年甲子）（12 岁）

湘军攻克江宁。延西亭宋郊祁先生在家设塾。至通州城。

1865 年（四年乙丑）（13 岁）

读完《诗》《书》《易》《尔雅》，学《诗》，试帖，制艺作讲首，学作诗钟。至西亭。二叔父卒。

1866 年（五年丙寅）（14 岁）

读《礼》《春秋》《左传》，作八韵诗，制艺成篇。宋先生卒。

1867 年（六年丁丑）（15 岁）

从宋紫卿、璞斋先生问业，读《周礼》《仪礼》。

1868 年（七年戊辰）（16 岁）

改名张育才，字树人，如皋县试、州试、院试皆取，附学生员。误入如皋张驷族籍应试。识秦烟锄、刘馥畴、张子冲、黄香山。

1869 年（八年己巳）（17 岁）

中日订《天津条约》。读《纲鉴》《易知录》《通鉴纲目》。颇苦籍事索酬之应付。识徐石渔先生、顾延卿、仁卿、陈子寿、黄少轩、范肯堂。

1870 年（九年庚午）（18 岁）

发生天津教案。科试取乡试不中。订海门徐氏婚。

1871 年（十年辛未）（19 岁）

学于海门训导署，院试取，读桐城方氏所选四书文及所选明文，读朱子、《四书大全》、宋儒书。仍苦籍事纷缠。识无锡赵菊泉先生、太仓王菘畦先生、江夏彭久余先生、桐城孙海岑先生、周彦升。

1872 年（十一年壬申）（20 岁）

读名家制艺，读《通鉴》。识太仓孙子福先生、束织云畏皇、陶季亮。

1873 年（十二年癸酉）（21 岁）

科试取乡试不中。读《三国志》及方望溪、姚惜抱集。仍归籍通籍，至江宁应孙海岑先生书记。

1874 年（十三年甲戌）（22 岁）

南京惜阴、钟山二书院皆取第一名，岁试取，补增广生，读王半山集、韩昌黎集、《晋书》。随先生勘案淮安及江阴炮台工程，是岁起有日记。成室，识临川李小湖先生、全椒薛慰农先生、武昌张濂卿先生。

1875 年（光绪元年乙亥）（23 岁）

慈安、慈禧太后秉政，慈安太后卒。恩科乡试不中，作书学拨镫法，读明季稗史及朱子名臣言行录、读《楚辞》及王渔洋集。识庐江吴长庆、提督朱芝阶、钱新甫、王欣甫。

1876 年（二年丙子）（24 岁）

科试取补廪膳生，乡试不中，读《陆宣公奏议》《日知录》，从张先生治古文。至吴长庆提督军幕。识邱履平、严礼卿、顾石公、邱熙之。

1877 年（三年丁丑）（25 岁）

改名謇字季直，岁试取第一名，读《史记》《前汉书》及《近思录》。游摄山、定山。父亲六十寿，识朱曼君、杨子承、何眉孙。

1878 年（四年戊寅）（26 岁）

游惠山，母亲六十寿，女淑生十日殇，林公锡三卒，识夏子松先生。

1879 年（五年己卯）（27 岁）

科试取贡元，三院会考取第一名，乡试不中。母亲卒，沈公幼丹卒。

1880 年（六年庚辰）（28 岁）

法国侵越南。读《士丧礼》，作述训。游泰山至京，移军登州。识瑞安黄瑞兰先生、袁爽秋、张蔼卿、郑太夷。

1881 年（七年辛巳）（29 岁）

《伊犁条约》成立。读《老子》《庄子》《管子》。至济南。母亲葛太夫人卒，识袁慰廷。

1882 年（八年壬午）（30 岁）

新疆改省，日本干涉韩乱，派兵往援。著《东征事略乘》《时规复流虬策》《规复朝鲜善复策》。荐范肯堂于吴挚甫先生，随吴公军援护朝鲜。赵先生卒。

1883 年（九年癸未）（31 岁）

中法开战。读段桂氏《说文》。仍至汉城军幕，理通海花布减捐。吴公卒。

1884 年（十年甲申）（32 岁）

散振平枭，议立常乐社仓，办通海滨海渔团、定海门拔贡事，辞直粤李张二督招。

1885 年（十一年乙酉）（33 岁）

中法媾和，《北京条约》成立，曾国荃两江总督。国子监考到取第一名，顺天乡试中南元，读王氏《说文释例》《古文辞类纂》。纳陈氏妾，识潘尚书、翁尚书，识黄仲弢、王可庄、旭庄、梁节庵、沈子培、宗室伯熙、濮止潜、王荩卿、张伯纪、丁恒斋。

1886 年（十二年丙戌）（34 岁）

礼部会试不中，读《管子》《晏子》。兴海门蚕桑。

1887 年（十三年丁亥）（35 岁）

帝亲政。曾总督国荃以江宁书局分校《汉书》见属，读胡文忠集。购柏槐树秧分给乡人，随孙先生由安庆至开封，规计黄河决口工。

1888 年（十四年戊子）（36 岁）

长赣榆选青书院，兼修县志，长太仓娄江书院，兼修县志，读宋明清名志。恢复海门溥善堂。识莫善征、楚生父子。

1889 年（十五年己丑）（37 岁）

印藏条件成立。礼部会试挑取誊录，作《棉谱》，辑志例，欲成《志通》一书。识汤蛰先。

1890 年（十六年庚寅）（38 岁）

礼部会试不中。潘公卒，识蒋书箴。

1891 年（十七年辛卯）（39 岁）

至东台校县试卷，修县志，治易、音训、句读成。省叔兄江西。

1892 年（十八年壬辰）（40 岁）

礼部会试不中。辞翁盛二公留管国子监南学。纳管氏妾，孙先生卒。

1893 年（十九年癸巳）（41 岁）

长崇明瀛洲书院。为海门增学额。识江易园。

1894 年（二十年甲午）（42 岁）

中日战争开始，张之洞总督两江。礼部会试中贡元，复试取，殿试中状元。父亲卒，张濂卿先生卒，朱曼君卒。

1895 年（二十一年乙未）（43 岁）

北洋海军败亡，中日媾和成，刘坤一总督两江。长南京文正书院，长安庆经古书院。复通州孔庙乐舞，设采芹会，议兴通州纱厂，议办花布认捐，总办通海团练，议城宜掘濠，营家庙义庄及乡里社仓、石路、石桥，列名开强学会，建海门垦辟荒滩，筹备海防经费议。束畏皇卒。

1896 年（二十二年丙申）（44 岁）

李鸿章使俄，京汉铁路成。设纱厂通唐家闸，家庙落成。纳吴、梁二氏妾。

1897 年（二十三年丁酉）（45 岁）

德国强占胶州。成《归籍记》。经营厂事，试海门芦穄炼糖，办如皋灾赈。三叔父卒，从子亮祖卒。

1898 年（二十四年戊戌）（46 岁）

慈禧太后再秉政，成立《辽东半岛租借议定书》，恭王卒。保和殿试散馆以经济特科荐，编《本支系谱》。纱厂兴工，为刘督拟《开垦海门荒地奏略》，创办常乐二十八圩社仓，议九场丈垦事，总理两江商务局商会，上翁相《理财标本急策》，为刘督拟《太后训政保护圣躬疏》。怡儿生。

1899 年（二十五年己亥）（47 岁）

俄国设立关东州。纱厂开车出纱。任学部谘议。

1900 年（二十六年庚子）（48 岁）

义和团发生各国联军攻北京，和议旋成。创办通海垦牧公司，厂纱畅销至此大效，代刘督订初高等两级二学课程，为刘张督定东南互保策。意园先生卒，识刘厚生。

1901 年（二十七年辛丑）（49 岁）

李鸿章卒。经营垦牧公司，抗争西安俄约。何梅生卒。

1902 年（二十八年壬寅）（50 岁）

帝及太后还京，满清通婚，禁缠足，刘坤一卒，魏光焘总督两江。设立通州师范及女师范，创办油厂、麦厂及实业公司，劝州人设劝业银行、五弟卒。

1903 年（二十九年癸卯）（51 岁）

江宁铁路契约成立。四修《族谱》，著《东游日记》。经营师范，创办吕四盐业公司及渔业公司，营垦牧公司海复镇，议设全国渔业公司，游历日本，移居常乐新宅。

1904 年（三十年甲辰）（52 岁）

日俄战争中立。设立学校公共植物园，设立通五属学务处，创办镇江笔铅公司，试仿日本盐田，营冶业，创办上海大达轮步公司及天生轮步，创办新育婴及翰墨林书局，规运河入海道，辟四扬坝河，草《同度量衡、铜圆、盐鱼制造奏》，草《变通盐法奏》，商部属主全国商会公司，定南洋渔业公司办法，为南皮魏督拟请立宪奏稿七易始定，朝旨赏三品衔，为商部头等顾问官。怡儿上学，翁公卒，蒋书箴卒，范肯堂卒。

1905 年（三十一乙巳）（53 岁）

改革刑法军制，周馥总督两江。设立工人艺徒学校，议设淮属师范学校，设立城厢初等小学，设立博物苑，创办铁工厂，砖窑，耀徐玻璃厂成立，沿途视察煤铁矿，与江鄂督书争江淮省事，江淮省本余议立，吴淞商船学校成立开学，为龙门师范筹款五千元，被推震旦学校校董。韩人金沧江来依。

1906 年（三十二年丙午）（54 岁）

中英藏约成立，下《预备立宪诏》。请两江设工艺学校农事试验场，为扬州筹两淮自立小学、中学、师范，设立南通五属中学，设立铁路学校，设立法政讲习所，师范附设土木工科测绘特班，设立中国图书公司，助成复旦学院，营颐生酒厂，主持赴意大利赛会事，创办工人储蓄处，创办吕四聚煎盐场，成立预备立宪公会，被推宁属学务长，被推江苏省铁路公司协理。

1907 年（三十三年丁未）（55 岁）

发布地方官新制，端方总督两江。常乐各小学校次第成立，助成中国公学，大生第二厂成立开车，被推宁属教育会会长。

1908 年（三十四年戊申）（56 岁）

帝及太后相继卒，醇王摄政，开通如海食盐引岸成，测地方舆图，各省设咨议局，筹备立宪。徐夫人卒。

1909 年（宣统元年己酉）（57 岁）

请愿速开国会，张之洞卒，张人骏总督两江。营吕四十七八总船闸，改地方监狱，筹备咨议局事，开研究会，沪嘉路开车，联合十四省请速开国会，议设导淮公司，被推江宁商业高等监督，被推江苏教育总会会长，被推咨议局议长。周彦升卒。

1910 年（二年庚戌）（58 岁）

资政院成立。著《说盐》。规植学校林于南五山，江宁南洋劝业会成，设劝业研究会，设全国家农业联合会，议设织布厂，被推地方议会议长。

1911 年（三年辛亥）（59 岁）

革命军武昌起义，程德全江苏都督。设垦牧小学，各商会议组游美，报聘团事代表至京，至东三省视察，被推中央教育会会长，清廷简任农工商部大臣兼江苏宣慰使。沈敬夫卒。

1912 年（民国元年壬子）（60 岁）

南京国民政府成立，孙文就总统任，继政府迁北京，袁世凯任总统。设立幼稚园传习所，设立图书馆，设立盲哑学校，设立盐场警察长尉教练所，创办贫民工厂三处，定用工部营造尺清丈全县地亩，规度狼山森林苗圃，第三次修山路，设立第一养老院、医院、残废院，扩充新育婴堂，任实业部长兼两淮盐政总理，授勋二位一等嘉禾章。

1913 年（二年癸丑）（61 岁）

宋教仁被刺，二次革命，袁世凯就正式总统任。设立唐闸纺织学校，设立幼稚园二处，规以垦牧一堤东区地，令退伍兵耕作，设立唐闸公园医院，被推汉冶萍总理，辞省议员、众议员、参议员，辞宪法起草委员会，任农商总长兼全国水利总裁，公布农商法令，议导淮借款。怡儿往学青岛。

1914 年（三年甲寅）（62 岁）

公布新约法，欧洲大战开始，冯国璋江苏都督。助成南京高等师范，后扩设东南大学，成立大有晋盐垦公司，议设中法劝业银行，规部立各试验场，规定度量衡制造所，复勘淮河，派员往美筹建巴拿马运河博览会中国陈列馆，组织游美实业报聘团出发，营濠南别业。怡儿往游南洋群岛，长兄卒，三嫂卒。

1915 年（四年乙卯）（63 岁）

中日交涉起，袁谋帝制，蔡锷起义云南。为南通公共事业请许觅地自营基金，免缴地价，查勘鲁皖林牧试验场出京，特令褒扬南通自治，美国召集国际水利会议，欲自往列席未果，解各职。怡儿成婚，妇安徽石埭陈氏女。

1916 年（五年丙辰）（64 岁）

黎元洪任总统，袁世凯卒，蔡锷卒，李纯江苏督军。残废院落成，新育婴堂十周纪念会，被推中国银行联合会会长，营天生果园及林溪精舍。长女孙非生。

1917 年（六年丁巳）（65 岁）

张勋复辟失败，冯国璋任总统，对德宣战。定学校林案，图书馆落成，建各盐垦公司、河工、闸工，开露天棉作展览会，复造城郊马路，辟军剑黄泥马鞍山河，公园落成，营濠阳小筑。遣怡儿往美游学，汤蛰先卒，沈友卿卒。

1918 年（七年戊午）（66 岁）

北京召集新国会，徐世昌就总统任。规吕四聚煎地，改建观音院，被推全国主张国际税法平等会会长，任华成盐垦公司总理。怡儿自美回，从子仁祖卒，孟庸生卒。

1919 年（八年己未）（67 岁）

五四爱国运动发生，齐燮元江苏督军。设立伶工学社，设立工商补习校，设立交通警察所，设立垦牧初等小学，设立蚕桑讲习所，创办大生三厂及淮海银行总行，设立更俗剧场，建青龙港闸及小漾港闸，遥望九孔大闸成，清理全县田亩纳税鱼鳞册事，规剑山植林区，营东奥山庄西山村庐及梅宅，任江苏运河督办。次女孙生。

1920 年（九年庚申）（68 岁）

直皖军战争，广州政府取消。订县志，著《绣谱》。各专门合并为南通大学，置基产费四十五万元，绣织局女工传习所落成，图书馆新楼成，伶社开音乐会，创办新南公司，设立苏社，设立县自治会，规辟串场大河，议筑沿江七十里长堤，进行北方工赈通电主和，被推中国矿学会及中国工程师学会会长。孙融武生，三兄七十岁，雷继兴卒。

1921 年（十年辛酉）（69 岁）

广州新政府成立，华盛顿太平洋会议。设立垦牧高等小学国民小学，为中国科学社谋得社所，全县县道通车，辟王家港河建闸，蒿枝港闸成，通电主和，政府聘为赴美专使团高等顾问辞，被推远东运动名誉会长，任吴淞商埠督办。第四女孙生。

1922 年（十一年壬戌）（70 岁）

奉直军战争，黎再任总统，青岛交还。维持招商局，设盐垦纺织管理处，设立第三养老院，开治江会于上海，通电主和，被推为交通银行总理，被推中国纱厂联合会会长，晋授勋一位一等大绶宝光嘉禾章，兼任江苏新运河督办。内人五十岁生日，往游西湖，怡儿任考查各国实业专使，第五女孙生。

1923 年（十二年癸亥）（71 岁）

孙文就元帅于广州，临城劫车案发生，曹锟就总统任。自编七十以前年谱。师范廿周纪念会，第三幼稚园成立，作《纺织公司股东会宣言书》，作《盐垦水利规划报告股东书》，作《商榷世界棉业书》，地方路工处成立，规划全县水利，上海港务会议，巡视江堤，鬻字助慈善。生圹动工。

1924 年（十三年甲子）（72 岁）

江浙军战争，奉直军再战争，段祺瑞就执政任，杨宇霆江苏督办。计议实业地方改进事，沪中交两行会议，视察垦地，浚公园河，再鬻字助振，通电主和。怡儿回，怡儿任驻智利国全权公使。

1925 年（十四年乙丑）（73 岁）

孙文卒于北京，五卅事件发生，孙传芳江苏总司令。海门保坍会成立。内人生圹动工。

1926 年（十五年丙寅）（74 岁）

国民革命军由广东北伐。女师范廿周纪念会，会勘通如海县界，视察保坍会筑榤工程。怡儿任扬子江水道委员会会长。八月二十四日（阴历七月十七日）午时逝世。

后　记

新中国几代领导人都谈起过祖父张謇。

20世纪50年代，毛泽东主席对黄炎培说：提起中国民族工业，有四个人不能忘记，重工业不能忘记张之洞，轻工业不能忘记张謇，化学工业不能忘记范旭东，运输业不能忘记卢作孚。

改革开放的90年代，江泽民主席谈道："张謇是前清状元，后转向共和，任孙中山临时政府实业部长，了不起，他办了许多工厂、学校，为后人留下很多有益事业。"我也曾有幸在中央邀请民主党派领导和民主人士共贺春节的宴会上，多次听到江泽民主席向与会者谈起祖父的有关情况。

改革开放初期，1989年4月1日（胡耀邦同志逝世前十五天），我去看望在家中休息的胡耀邦同志，他对我说："你祖父是近代历史上一位伟大的人物，为国家富强、人民幸福，创建了许多企业，兴办了许多学校，捐赠、举办了许多慈善事业，他是做实事的人。"他们的讲话是对祖父一生的肯定，对我们后人无疑也是鞭策。但就我自己来说，对祖父的理解是很不够的。

祖父去世后的第二年1928年，我方出生，本来可以从父亲那儿听到祖父更多的轶事。但十分不幸的是，我方7岁，父亲就永远离开了我们。不到两年，抗日战争爆发，国仇家难，奔波流离，自身尚无宁日，家中往事更难以关注。新中国诞生不久，我从祖父创建的"南通学院"毕业，立即奔赴东北北大荒工作。三十年风风雨雨，既远离家乡和家人，也很少有时间阅看有关历史书籍。党的十一届三中全会以后，改革开放的春风吹遍了全国，一切发生了很大的变化，1979年初，我回到南通，家乡社会环境有了很大的变化，许多不愉快的事已经过去，在新的形势下，张謇研究已缓缓而起，我有机会追随各位专家学者，学习和研究近代史，对祖父奋斗的一生有了进一步的了解。

2003年3月，全国人大、全国政协换届，承蒙组织关心，我从全国人大转到全国政协任常委。《人民政协报》张宝金同志和刘艳同志热情地找到我，希望我写点有关祖父的文章。我有顾虑，因我不善于写作。但经不起他们一再鼓励和劝勉，盛情难却，我表示先写一两段，如不尽人意，可以停下来，他们同意了。未想到《人民政协报》专为我设立了《张绪武心中的祖父》一栏目，我骑虎难下，尽力系统地阅看了一些书籍，收集了一些资料，请教有关专家学者，走访前辈，亲历故地，写作的过程实际是自己再学习的过程，也是在我人生的晚年，补上了不可缺少的一课。一周一文，2004年底，不觉完成了五十则，即现在《我的祖父张謇》的蓝本。

我很幸运。我父亲撰写的《南通张季直先生传记》（胡适先生喻为"爱"的工作）和我国著名的史学家章开沅先生撰写的《张謇传》终年终日与我为伴，给予我十分丰富而珍贵的素材。往往在深夜，已阅看过数遍的一段文、一句话，又使我产生了新的体会，身不由己地又坐到写字桌旁去。家乡人、也是我的知友赵鹏君撰写的《状元张謇》以及其他专家学者的论著同样给予我无尽的养料。

前几年，我走向黄海海边——当年祖父率领千军万马开垦的地方，茫茫沧海，风潮依旧。三余镇书记张剑冰同志对我说"通州是国家产棉大区、重要的棉花基地，至今将近一百年了，张謇创建垦区的布局、格局、水利工程、农田基础设施等仍发挥着良好的作用，我区尚有五万多亩滩涂等待着新的开垦。但因资金缺少，多年未能如期进行，乡民们想念张四先生呀！"

20世纪90年代，我到日本最北端北海道地区，即1903年祖父赴日取经的地方访问，札幌市市长对我说："中国开放已多年了，到日本各地谈生意的很多，但因北海道路途遥远，气候寒冷，来札幌市的却很少。因此，回想到一百多年以前，1903年，交通更不方便，冰天雪地，荒芜一片。张老先生为了国家富强，为了中日友谊，为了取经，长途跋涉，顶风破浪，来到这里，太使我们日本人民感动了。这块土地上，永远留下了他的足迹，是不能磨灭的纪念，我们敬重他。"

祖父一生志高心坚，风起云涌，深深地进入了我的脑海，无形中促进我更好地完成我这本并不完美的学习笔记。

深切地希望，各位读者在饭后茶余，从书中了解到祖父一些既平凡而又朴实的故事，并觉得祖父真是农民的好儿子，我的心也就平静了。

从祖父为实现我国早期现代化奋斗一生的事业中，可以清晰地看到和感觉到晚清以来几位文哲大师们的变革思想和与时俱进的精神。如：龚自珍的"穷则思变，通经致用"；魏源的"师夷长技以制夷"；曾国藩、李鸿章的"洋务运动"；张之洞的"中学为体，西学为用"；康有为、梁启超"戊戌变法"的主张；孙中山"民族、民权、民生""共和立宪"的思想，以及那个时代西方具有进步意义的"资本主义""市场经济"等经验，这些都为祖父采纳而融合。如有所不同的话，祖父更注重于全面科学的组合和不屈不挠的实践；祖父不尚空谈，不重功利，不好高骛远，在较完整的、富有远见的规划基础上，实践、实践、再实践，实干、实干、再实干，创建并为后来者留下实实在在的，至今尚具有实际意义的经验和成果。

首先感谢老将军李德生会长最诚挚的支持和关怀。

我的书敬献给亲爱的祖父，亲爱的父亲、母亲，也敬赠给我远在台湾最疼爱我的非武大姐、柔武二姐，与我共度患难、一生相守的终身伴侣广珍。也遥寄给先我而去的融武大哥、粲武四姐、聪武五姐和范武小哥。

我的书也是对邹强、王敏之（克然哥）、曹从坡、严学熙等同志以及顾振虞老先生等的纪念。他们伟大的人格、崇高的品德给予我们的影响和怀念是永远的。

我的书也是对我的导师章开沅先生，益友胡德平、李和平、谢伯阳，南京大学茅家琦教授，南通市老书记朱剑、李明勋，老战友穆烜、赵鹏、张廷栖，家乡领导海门市曹斌书记、姜龙市长，通州市陈照煌书记、李雪峰市长以及黄拯乾、顾月琴、张剑冰等同志出自我内心的敬重和感谢。

祖父留给我们的精神财富和遗训，张氏后人会永远地传承。"我不愿意日后我的子孙做官，我愿意出几个明事理的读书人。"

张绪武